## Das Buch:

Finanzielle Bildung darf und sollte kein Tabu sein. Man kann es drehen und wenden, wie man will, Geld ist in unserer Gesellschaft nun mal eine Grundvoraussetzung und ohne wird man nicht weit kommen. Und dennoch hat man den Eindruck, dass dieser wichtige Aspekt für viele in einem Irrgarten endet, weil sie dem Geld einfach nur hinterherrennen statt ihm entgegenzugehen. Denn Wohlstand führt ohne Wenn und Aber zusätzlich zu mehr Sicherheit, Glück und Zufriedenheit. Wohlstand schenkt Unabhängigkeit und kann ungeahnte Türen öffnen.

Sollten Sie Ihr Kapital bisher stiefmütterlich behandelt haben, so wird Ihnen dieses Buch zeigen, warum es entscheidend ist, die Beziehung zu Ihrem Geld und Ihrem Vermögen zu harmonisieren, und was noch viel bedeutender ist, wie Sie diesen Bereich ein für alle Mal in den Griff bekommen.

Mit finanziellem Know-how bleibt man nicht mehr der Spielball des Bankberaters, sondern wird zum „Money-Polierer“. Dank diesem Buch werden Sie einen Plan erstellen, welcher Ihnen dadurch einen besseren Überblick über Ihre momentane und zukünftige finanzielle Situation liefert. Sie werden Ihre persönlichen Quartalszahlen auswerten und sehen, wie Sie durch Outsourcing, wenn Sie es geschickt angehen, mit weniger Arbeit mehr Geld verdienen können.

Des Weiteren möchte dieses Buch Ihnen in den Kapiteln Frugalismus und Minimalismus vermitteln, wie eine sparsame, aber nicht knausrige Lebensweise und ein einmaliger bewusster Konsumcheck in gewissem Maße nicht zu einem unliebsamen Feind, sondern zu Ihrem besten Freund werden kann. Und auch das Investieren und ein realistischer Vermögensaufbau dürfen bei diesem Vorhaben natürlich nicht fehlen.

## Die Autoren:

Rena und Patrick Münch sind vor vielen Jahren fasziniert in die Tiefe der Finanzwelt eingetaucht. Sie haben den Anspruch bei allen Themen, die das Geldsystem und Vermögensbildung betreffen, und die Ihrer Ansicht nach ein nicht zu verachtender Schritt in Richtung finanzielle Freiheit sind, zu durchdenken und zu meistern.

Ein grundlegendes Verständnis für die Themen Wohlstand, Geldanlage und Festigung eines neuen Money-Mindsets waren von Anfang an ihr Ziel. Als passionierte Investoren teilen beide eine große Affinität für finanzielle Bildung und definieren sich als frugalistische Minimalisten.

Zusammengefasst verhelfen all die Interessen und Fähigkeiten der Autoren zu dem Konzept hinter dem Buch und spiegeln eins zu eins die synergetische Lebensweise des Ehepaars wider.

# WERDEN SIE ZUM MONEY-POLIERER

Bringen Sie Ihren Geldbeutel zum Glänzen!

von

Rena & Patrick Münch

Haftungsausschluss:

Alle Inhalte in diesem Buch, sind weder als Anlageberatung noch als finanzielle Richtlinie zu sehen. Alles, was Sie zu dem Thema Börse, Geld, Investment, Finanzen etc. lesen, ist keine Finanzberatung. Alle Inhalte in diesem Buch dienen ausschließlich der neutralen Information, Weiterbildung und Unterhaltung und geben ausschließlich unsere Meinung wieder. Wir berichten lediglich über unsere Erfahrungen und hoffen, dass Sie im Nachgang etwas mehr Zeit in Ihre finanzielle Bildung setzen werden. Treffen Sie Ihre Investment- oder sonstigen Entscheidungen die das Thema Finanzen betreffen sorgfältig und auch erst nach eingehender Recherche. Beziehen Sie dazu immer mehrere Quellen mit ein, denn wie auch die Steuergesetzgebung, so können sich auch anderer Gesetze oder finanzielle Richtlinien kurzfristig ändern. Es wird keinerlei Haftung für Nachteile, die direkt oder indirekt aus der Verteilung, der Verwendung oder Veränderung /Zusammenfassung dieses Buches entstehen übernommen. Als Leser ist man aufgefordert, selbst zu entscheiden, ob man dem Rat des Buches folgt oder nicht. Eine Haftung für Personen-, Sach- oder Vermögensschäden ist ausgeschlossen. Ebenso sind Haftungsansprüche ausgeschlossen gegen die Autoren, welche sich auf Schäden materieller oder ideeller Art beziehen, die durch die Nutzung oder Nichtnutzung der erwähnten Informationen oder fehlerhafter sowie unvollständiger Informationen darbieten.



Rena & Patrick Münch, Fürth

ALL-YOU-CAN-LIFE, allyoucanlife.com

## Widmung

Wir widmen das Buch dem All-you-can-LIFE Konzept. Denn ohne diese bereichernde Lebensform wäre unser Finanzwissen wahrscheinlich nur trockene Mathematik und nüchterne Zahlendreherei. Erst durch die AYCL-Methode haben wir verstanden, dass alles zusammenhängt. Und gerade deswegen wissen wir auch, dass Sie es ebenfalls schaffen werden, den Lebenskreis Wohlstand zu meistern.

# INHALTSVERZEICHNIS

# Vorwort

Hallo, an unser Altes ich ... das hättest du nicht gedacht oder?

Dass wir ein Buch über Wohlstandsaufbau und den richtigen Umgang mit Finanzen schreiben. Wie auch? Schließlich war das Einzige, dass wir in jungen Jahren mit Geld anfangen konnten, es mit vollen Händen aus dem Fenster zu werfen. Und das sicherlich nicht, damit es unten zur Tür wieder hineinkommt, sondern einfach aus purer Lust unseren jugendlichen Durst nach den neusten und unnötigsten Dingen zu stillen.

Wir beide, die Autoren, also mein Mann und ich, werden an manchen Stellen des Buches liebevoll von Herrn M. und Frau M. sprechen, und so Versuchen der allgemeinen Verwirrung zu entgehen, wer denn nun was geschrieben hat. Für die Bedeutung des Buches ist es im Grunde unerheblich, doch wir können verstehen, dass manche Leser:innen durchaus interessiert daran sein könnten, aus welcher Perspektive oder aus wessen Feder das Geschriebene stammt, deshalb an dieser Stelle der kurze Hinweis.

Aber zurück zu unserer Story: genau genommen begann sie in New York. Ein für uns imposanter wie magischer Ort. Denn nicht nur begrüßte uns die Metropole das erste Mal als Paar, sondern war einige Jahre später Schauplatz unserer Hochzeit, die wir ganz minimalistisch alleine zwischen Central Park und Wolkenkratzern verbrachten. Davor war unser Motto: Hurra, was kostet die Welt. Doch schon während der Flitterwochen in der wohl bekanntesten

Finanzmetropole der Welt, zeichnete sich unser zukünftiger Weg ab.

Verstehen Sie uns bitte richtig, wir hatten schon immer ein gutes Einkommen, doch leider unterlagen wir vielleicht einer gewissen Lifestyle-Inflation und wurden wahrscheinlich deshalb nicht müde, je mehr reinkam dementsprechend auch immer mehr auszugeben.

Zum Glück kam, bei uns beiden, eher früher als später das Erwachen und zum richtigen Zeitpunkt die richtigen Fragen, die sich durch das Erwachsenwerden sowieso nicht mehr unter den Teppich kehren ließen.

Hier ein kleiner Auszug aus unserem Gedankenkarussell:

Warum das ganze Geld rausschmeißen? Könnte man damit nicht besseres tun? Wie soll das mal werden? Was ist, wenn etwas dazwischen kommt? So kommt man doch nicht aus dem Hamsterrad raus, oder? Finanzielle Freiheit, was soll das sein? Wie machen das die wirklich erfolgreichen und wohlhabenden Menschen? Wissen wir, Patrick und Rena überhaupt, was wir die letzten Monate ausgegeben haben, und vor allem wofür? Haben wir genug Vermögen für den Ruhestand? Haben wir passives Einkommen? Warum sind Aktien, Wertpapiere oder Fonds für uns ein Buch mit sieben Siegeln? Warum glauben wir, dass Geld und Glücklichsein zwei verschiedene Dinge sind? Warum sprechen wir lieber über das Liebesleben der anderen, als über die Themen Finanzen und Altersvorsorge? Warum denken wir, sei von Geld nie genug da? Warum glauben wir, dass reiche Menschen irgendwie komisch sind? Wie wollen wir unsere Ziele erreichen? Was bedeutet Wohlstand für uns? Verdient wir mehr, als wir momentan bekommen? Und so weiter uns so fort ...

Übrigens, Sie können sich diese Fragen ebenfalls gleich jetzt, bevor Sie das Buch lesen, auch schon mal beantworten und das Ganze entsprechend nach der Lektüre des Buches nochmal wiederholen.

Sie werden jetzt sicherlich sagen, das hätte man sich auch alles früher fragen können. Obwohl, so richtig sicher sind wir uns da nicht, denn Sie halten ja gerade diesen Leitfaden in Händen und suchen wahrscheinlich die Antworten die wir bereits gefunden haben.

Wer fragt, gewinnt und erhält im besten Fall auch die richtige Antwort, ob früher oder später spielt erst einmal keine Rolle, Hauptsache Sie fragen.

Natürlich, wer hätte es gedacht, hatten wir sehr viele Fragen, und besser noch, wir bekamen Antworten. Die Möglichkeiten sich heutzutage in fast jedem Bereich online, durch Bücher, Seminare und Mentoren weiterzubilden sind schier unendlich. Und so nutzten wir jede dieser Alternativen, um uns immer tiefer und sicherer in den faszinierenden und spannenden Bereich des Wohlstandsaufbaus hinein zu fuchsen.

Als wir bemerkten wie einfach die ersten Stufen waren und man so die Treppe des Finanzwissens immer schneller und besser hochlaufen konnte, bekamen wir gar nicht mehr genug davon. Auch dass wir immer öfter ZDF (und hier ist bestimmt nicht das öffentlich-rechtliche Fernsehen gemeint, sondern Zahlen – Daten – Fakten) anwendeten und das auch so gut funktionierte, beflügelte uns noch mehr. Alleine schon zu wissen, wo das ganze Geld genau hinfloss, war ein wahrer Game-Changer für uns. Denn mal ehrlich, wissen sie, wo Ihre letzten drei Fünfziger wirklich verblieben sind? Nun gut, würden Sie ein Haushaltsbuch führen wüssten Sie es. Aber dazu später mehr.

Und so ergab eins das andere. Der Wohlstands-Karotte nur noch hinterherrennen, das war für uns passe, stattdessen empfingen wir sie lieber mit offenen Armen. Der simple Dreiklang Geld schöpfen, Geld behalten, Geld vermehren, brachte uns immer mehr Spaß und tatsächlich auch Bereicherung. Und das, nicht ausschließlich monetär, sondern auch, was den wichtigsten Baustein unserer FAQs betraf, nämlich unseren Finanz-IQ.

Deshalb auch hier schon mal unser Appell an Sie, nicht gleich kopfüber in die Brandung zu springen und meinen nach dem Lesen dieses Buches, man wäre Warren Buffett. Immer schön der Reihe nach, erst ins Planschbecken, dann ins Schwimmerbecken, dann in den See und so weiter, aber auf jeden Fall ins kühle Nass.

Genau genommen wird Ihnen das Wasser gar nicht mehr so kalt vorkommen, wie erwartet, denn nach der Lektüre werden Sie nicht nur besser Bescheid wissen als zuvor, sondern auch wissen, womit Sie da draußen rechnen müssen und genau darauf kommt es ja an. Ab heute werden Wellen für Sie kein Problem mehr sein und auch dem ach-so-gefürchteten Haifischbecken werden Sie gekonnt ausweichen, denn Vorurteile, Meinungen und vorgefertigte Glaubenssätze werden für Sie in der Bedeutungslosigkeit versinken, weil Sie durch dieses Buch lernen Fragen zu stellen, Antworten zu suchen, und was noch bedeutend wichtiger ist, in eine neue spannende Welt einzutauchen.

Lesen Sie sich hier alles gut durch, markieren und merken sich die für Sie relevanten Dinge und fuchsen sich selbst noch tiefer hinein. Die Leidenschaft und das Wollen haben wir nach dieser Lektüre hoffentlich in Ihnen geweckt. Und eine gewisse Perlentaucher-Mentalität aus unserer Trickkiste gibt's on top dazu.

Rena & Patrick Münch
Sommer 2022

# Einleitung

Wenn Sie Ihr Auto polieren, wird es danach nicht nur frischer aussehen, sondern auch an Wert gewinnen. Und genau diesen Schliff möchte „Money-Poliert“ Ihrem Geldbeutel geben. Wir wollen, dass Sie nach dem Lesen dieses Buches losgehen und das Thema Wohlstand, ein für alle Mal für sich entdecken, meistern und zum Strahlen bringen und nicht mehr durch Halbwissen, Nachrichten oder zum Beispiel ihren Bankberater „manipuliert“ werden. Denn Wohlstand führt ohne Wenn und Aber zusätzlich zu mehr Sicherheit, Glück und Zufriedenheit. Wohlstand schenkt Unabhängigkeit und kann ungeahnte Türen öffnen.

Leider ist die Mehrheit unsere Gesellschaft so geprägt, dass Sie „den Reichen“ am liebsten alles wegnehmen würde (und wenn auch nur mit abschätzigen Bemerkungen), anstatt der Sache auf den Zahn zu fühlen, anzuklopfen und vielleicht sogar nachzufragen: „Wie macht ihr das so?“

Deshalb fragen wir Sie: Warum nicht beobachten, analysieren und umsetzen was "die da oben" machen. Und keine Angst, verstehen, heißt nicht, einverstanden sein. Sie müssen nicht im Ferrari fahren, wenn Ihnen das zu protzig erscheint, aber denken Sie nur daran, wie viel Gutes Sie mit einem größeren finanziellen Polster tun könnten?

In unserem Ratgeber geht es nicht um mehr, mehr und noch mehr Geld, auch wenn „mehr“ die Materie durchaus gut beschreibt. Es geht nämlich vorrangig um mehr Freiheit, mehr Möglichkeiten und um noch mehr Zeit. Dass, der eigene Purpose und die generelle Einstellung zur Arbeit hierbei ebenfalls eine wichtige Rolle spielen, werden wir im Kapitel Humankapital näher erläutern. Nur so viel vorneweg, Humankapital ist persönliche Weiterbildung par excellence.

Sie werden sicher bei dem ein oder andern Kapitel erstmal die Nase rümpfen und es überspringen wollen. Tun sie sich einen gefallen, und lesen sie es unvoreingenommen trotzdem und denken dann darüber nach, ob es für sie nicht doch hilfreich sein könnte. Denn gerade dort, wo der Widerstand auftaucht, darf nochmal genau hingeleuchtet werden. Für viele ist die Wirkungsweise und Aufgabe des Geldes undurchsichtig und unberechenbar. Aber sobald Sie die Funktion verstanden haben, ist genau das Gegenteil der Fall.

Die meisten zucken zusammen, wenn sie auf Gartenpartys zum Thema Finanzen wortwörtlich gegrillt werden. Noch schlimmer, sie empfinden Abneigung, haben Schamgefühle oder gar Ängste, wenn ein solches Gespräch an Substanz gewinnt. Oft werden dann bekannte Argument wie, "ja aber, Hauptsache man ist gesund" ausgepackt, um von dem leidigen Thema Geld wieder wegzukommen. Doch nur weil manche meinen, sie müssten nicht über Geld sprechen und wollten mit dem "bösen" Finanzsystem auch nichts weiter zu tun haben, wird das System sich nicht ändern. Warum also nicht mit den finanziellen Mitteln etwas Neues oder einen Wechsel anstoßen und sogar erfolgreich mitschwimmen.

Ehrlich verdientes Geld, ist neben einem Ihnen zugesprochnem Recht darauf, auch eine gewisse Anerkennung, die Sie mit Stolz und Dankbarkeit annehmen dürfen. Zum einen haben Sie Anspruch auf Waren und Dienstleistungen und bekommen für geleisteten Mehrwert eine Erkenntlichkeit oder nennen wir es einen Dank, den Sie dann wieder in ein gesünderes, kultiviertes und friedvolles Leben umwandeln können. Sie können für schlechte Zeiten vorsorgen, aber auch Annehmlichkeiten bezahlen, die ansonsten für Sie reiner Luxus wären.

Man denke nur an Medikamente, Krankenhausbehandlungen etc. Und ja die "normale" Versicherung tut etwas dafür, aber nie in dem Maße, wie es mit einem stattlichen Vermögen möglich wäre. Geld ermöglicht uns allen, die schlichteste und bequemste Art des Handelns und das sichere Vereinfachen des Lebens - und das absolut verlässlich.

Vom Grundgerüst Geld schöpfen, Geld behalten, Geld vermehren, haben wir im Vorwort bereits gesprochen. Lassen Sie uns diese Säulen nochmal kurz anschneiden: Schöpfen, werden Sie sich jetzt fragen? Ich bin doch kein Papiermacher. Doch! Sie erschaffen Geld. Hört sich erstmal sehr rätselhaft an, aber wenn Sie darüber nachdenken, werden Sie sicherlich wissen, wie wir es meinen.

Denn Ihre Leistung und Ihr Erfolg bringen bares Geld. Vielleicht ist in diesem Zusammenhang der Begriff Geld zu abstrakt. Brechen wir es abermals runter: Das Auto vor Ihrer Tür, der Urlaub, die Butter auf Ihrem Brot, die Spielsachen für die Kinder, Ihre getätigten Spenden, die Vorsorgeuntersuchungen und so weiter und so fort, das alles kreieren Sie, indem Sie Geld erwirtschaften.

Und das alles klappt natürlich nur, wenn Sie auch etwas davon behalten. Was uns schon zur nächsten Säule führt, dem Geld behalten. Wenn Sie all Ihre Einnahmen, unbedacht aus dem Fenster werfen und am Ende des Geldes noch ganz viel Monat übrig ist, wird es nichts mit den wirklich wichtigen Dingen. Das Beispiel der Lotto-Millionäre, die alles verpulvert haben, kennen Sie sicherlich. Deshalb ist ein Instrument unserer Methode, auch den überschwänglichen Konsum sinnvoll und gleichzeitig genussvoll zu minimieren. Und auch hier liegt unser Augenmerk darauf, dass man die Verbissenheit, sei es dem Geldeinnehmen oder dem Geldsparen gegenüber, verliert, jedoch den Fokus und die Leichtigkeit für beides behält. Es bringt Ihnen nämlich nichts, wenn Sie die teuerste Rolex tragen, diese Ihnen aber mahnend sagt, dass die Mittagspause bald vorbei ist.

Und deshalb darf man die letzte Säule, die des Geldvermehrens, nicht außer acht lassen. Schauen Sie, heutzutage, verliert das FIAT-Geld (also unsere bunten Banknoten, die in der Herstellung eigentlich nur 20 Cent kosten), durch die steigende Inflation immer mehr an Kaufkraft und Bedeutung, und deshalb hat man keine andere Wahl, als sinnvolle Alternativen zu schaffen. Das Guthaben, einfach auf dem Sparbuch liegenzulassen, sollten Sie sich, entgegen der weitverbreiteten Beliebtheit und treuen Praxis ihrer Kollegen und Familienmitglieder doch besser sparen.

Ohne Frage, Geld kann man auch verschwenden und für schlechte Dinge benutzen, aber das, sollte man nicht dem Geld ankreiden, sondern besser doch dem "Besitzer". Gier, Neid und das reine Streben nach materiellem Zugewinn sind Laster, die Geld und Reichtum manchmal mit sich bringen. Manchmal – und das möchten wir hier ausdrücklich betonen, denn wenn Sie Ihr Geld ehrlich und aufrichtig verdienen, können Sie erhobenen Hauptes stolz auf sich sein und gerne nach mehr Streben. Die verdienten Scheine und Münzen sind an sich nicht kostbar, die Energie und Leidenschaft, die Sie dafür aufwenden, schon.

Finanzielle Bildung darf und sollte kein Tabu sein. Man kann es drehen und wenden, wie man will, Geld ist in unserer Gesellschaft nun mal eine Grundvoraussetzung und ohne wird man nicht weit kommen. Und dennoch haben wir den Eindruck, dass dieser wichtige Aspekt für viele in einem Irrgarten endet, weil sie dem Geld einfach nur hinterherrennen statt ihm entgegen zu gehen.

Sollten Sie Ihr Kapital bisher stiefmütterlich behandelt haben, so werden wir Ihnen zeigen, warum es entscheidend ist, die Beziehung zu Geld aber auch Ihrem Vermögen zu harmonisieren.

Unser Buch ist keine langweilige Bedienungsanleitung, die Ihnen erklärt, wie Sie (vermeintlich) schnell reich werden. Nein dieser Ratgeber soll Sie einführen in die Welt der Finanzen und so zu Ihrem ganz individuellen Wohlstandaufbau beitragen. Denn das ist das vorrangige Ziel unserer Arbeit. Wir wollen erreichen, dass Sie Ihren eigenen individuellen Weg finden und all die unterschiedlichen Facetten zu den Themen Geldanlage, Wohlstandsaufbau und Finanzwissen beleuchten.

Eins steht fest: Mit finanziellem Know-how bleiben Sie nicht mehr der Spielball Ihres Bankberaters, sondern werden zum „Money-Polierer“. Wir werden mit diesem Buch gemeinsam mit Ihnen einen Plan erstellen, und Ihnen dadurch einen besseren Überblick über Ihre momentane und zukünftige finanzielle Situation ermöglichen. Wir werden Ihre persönlichen Quartalszahlen auswerten und Ihnen zeigen, wie Sie durch Outsourcing, wenn Sie es geschickt angehen, mit weniger Arbeit mehr Geld verdienen.

Des Weiteren möchten wir Ihnen in den Kapiteln Frugalismus und Minimalismus vermitteln, wie eine sparsame, aber nicht knausrige Lebensweise und ein einmaliger bewusster Konsumcheck erwiesenermaßen nicht zu einem unliebsamen Feind, sondern zu Ihrem besten Freund werden kann. Und auch das Investieren und ein realistischer Vermögensaufbau dürfen bei diesem Vorhaben natürlich nicht fehlen.

Na, ist der Groschen gefallen ... bringen wir ihn ins Rollen, auf Ihr Bankkonto, denn Geld ist gut.

So, nochmal kurz durchatmen und los. Lassen Sie uns nun die Poliertücher rausholen und Ihren Geldbeutel endlich zum Strahlen bringen.

# Ihr Portemonnaie – Ihre Glanzleistung!

*"Geld will ernst genommen werden, sonst kommt es nicht zu dir."*

Kurt Tucholsky

Geld ist gut. Wie fühlt es sich für Sie an das zu lesen? Vielleicht schießen Ihnen jetzt sofort Gedanken in den Kopf wie: „Geld ist mir nicht wichtig“, „Geld stinkt“ oder „Geld verdirbt den Charakter“. Dass Reichtum nicht allein ein monetärer Anreiz sein sollte, ist nach der Lektüre dieses Buches wohl jedem klar. Wir können zum Beispiel reich an Gesundheit, Erfahrung, menschlichen Beziehungen, Liebe oder Wissen sein und somit Besitzer eines wertvollen Schatzes. Trotzdem gehören finanzielle Aspekte und somit Geld genauso in unser Leben. Ein kluger Freund der Familie, herausragender Unternehmer und Investor sagt hierzu immer gerne: „Geld macht nicht glücklich – aber Armut ebenso wenig.“ Betrachten Sie Geld als gute Freundin, die Sie mit offenen Armen empfangen und zum Bleiben einladen.

Sprechen wir von dem Schein oder der Münze, also dem Gegenstand Geld, können wir darüber sagen, dass es ein Zahlungsmittel ist, nicht mehr und nicht weniger. Das klassische Fiatgeld, also all die verschiedenen Währungen der Länder, wurden künstlich erschaffen und basieren auf Vertrauen. Das besondere daran ist der reine Materialwert eines 100 Euro Scheins, dieser beträgt nämlich nur wenige

Cent, er ist also de facto wertlos. Allein die Zahl auf dem Schein, die Erscheinung und unser Vertrauen, dass wir für diesen Schein eine bestimmte Menge an Waren erwerben können, machen ihn erst wertvoll. Welche Bedeutung man diesem Zahlungsmittel beimisst und was es bewirken kann, steht auf einem anderen Blatt Papier geschrieben. Geld wird Sie erstmal nicht glücklicher oder unglücklicher machen als Sie es schon sind. Denn Geld ist Energie, das Ihnen zu mehr Freiheit verhilft. Ob Sie es nun positiv oder negativ nutzen oder bewerten, das Zahlungsmittel an sich ist neutral, einzig die Gedanken die wir über Geld haben machen es zu dem einen oder anderen. Geld verdirbt keinen Charakter, sondern verstärkt diesen nur. Ein komischer Kauz ist mit viel Geld noch komischer, ein freudiger Mensch noch freudiger. Eine Ordensschwester, die Ihr Leben lang für andere da war und die Botschaft Gottes verbreitet hat, wird sich nach einem plötzlichen Lottogewinn bestimmt kein rosa Cabrio kaufen, mit lauter Musik pöbelnd durch die Stadt fahren und am Wochenende mit ihren neuen Freunden auf Kneipentour gehen. Anders gedacht, hätte Al Capone sein ganzes Geld verloren, hätte er das bestimmt nicht für ein Zeichen von oben gehalten und sich ab sofort nur noch in der Hospizpflege für Alte und Kranke eingesetzt. Nein, er hätte wahrscheinlich so schnell wie möglich versucht, durch krumme Geschäfte wieder so viel Geld wie möglich zu ergaunern. Merken Sie sich, Geld wird Ihre Charakterzüge verstärken, zum Positiven oder zum Negativen und genau hier setzen wir an.

Wenn wir über Geld verdienen sprechen, müssen wir uns einige Fragen stellen. Welchen Wert hat Geld für mich und bin ich das Geld, das ich durch meine Arbeit bekomme, auch Wert?

Den Wert des Geldes messen wir meist durch Güter die wir uns dank des Verdienstes leisten können, doch viel wichtiger ist der Gedanke der Sicherheit. Wenn man sich alles leisten kann, ohne darüber nachdenken zu müssen, ob man dann noch genug auf dem Konto hat, um alle noch ausstehenden Rechnungen zu bezahlen, dann fühlt man sich sicher. Ihr Ziel sollte es sein, genügend Reserven zu haben und genug Cashflow aufzubauen, damit Sie nicht jeden Monat fürchten müssen, ob nicht doch eine Steuernachzahlung oder irgendeine Gebühr fällig wird.

Dem Thema Steuern werden wir in diesem Buch nicht allzu große Aufmerksamkeit widmen, auch wenn es und das möchten wir Ihnen ans Herz legen, dringend erforderlich ist, sich damit auseinanderzusetzen. Wie Sie wissen wird außer unseren eigenen Gedanken fast alles versteuert, vielleicht bald auch die Luft, die wir atmen. Sie sollten dieses Thema also nicht nachlässig behandeln, sondern spätestens bei Ihrem nächsten Termin, die Gespräche mit Ihrem Steuerberater vertiefen. Es vergeht kaum ein Jahr ohne Änderungen der Steuergesetzgebung. Sie sollten diese gut kennen und verinnerlichen, so werden Sie die wahre Rendite Ihrer Anlagen kennen und durch gewisse Stellschrauben an manchen Ecken und Enden Ihre Steuern sogar steuern können.

Sind Sie es Wert viel Geld zu haben? Gibt es eine bestimmte Summe, die Sie durch Ihre Arbeit und Investitionen erwirtschaften und besitzen möchten? Zugegeben, in jungen Jahren spielten solche Überlegungen für uns keine Rolle. Wir haben damals einfach nicht gelernt, wie man sich die richtigen Ziele im Bereich Wohlstand steckt. Haben Sie dahingehend klare Vorstellungen?

Auch hierzu gibt es mehrere Rechner, die Ihnen ein unkompliziertes Bild darüber verschaffen, welchen Betrag Sie benötigen, um finanziell frei zu sein. Grob zusammengefasst, multiplizieren Sie Ihr monatliches Wunscheinkommen mit 150. Also z.B.: 5. 000.- x 150 = 750. 000.-. Wenn Sic 750. 000.- Euro angespart oder erarbeitet haben und diese investieren, dann bekommen Sie bei einer Verzinsung von 8% per annum, monatlich 5. 000.- Euro. Wählen Sie Ihren Wunschbetrag an Ihren Lebensstandard angepasst. Dieser Betrag könnte den ein oder anderen jetzt erschrecken und auch die hohen Zinseinkünfte werden viele als eher unrealistisch bezeichnen. Doch lassen Sie eins gesagt sein, wenn es Ihr auserkorenes Ziel ist, finanziell frei zu werden, werden Sie Mittel und Wege finden, um dieses Ziel zu erreichen.

Es hört sich erstmal komisch an, aber wie schon Napoleon Hill meinte, sollten Sie sich auch mental auf mehr Geldfluss einstellen. Die folgenden sechs Schritte, die Sie deutlich in Ihrem Unterbewusstsein verankern sollten, werden Ihr Vorhaben vereinfachen:

1. Setzen Sie sich ein konkretes finanzielles Ziel, en détail. Denken Sie an einen festen Betrag, denn nur zu sagen „ich will mehr Geld verdienen“ ist zu schwammig. Mehr Geld könnte ja auch heißen 10 Euro, dann hätten Sie mehr als vorher. Also, je genauer, desto besser.

2. Legen Sie explizit fest, was Sie tun möchten und wie genau Sie vorgehen werden, um mehr Geld zu empfangen. Von nichts kommt nichts. Warum sollten Sie mehr bekommen, wenn Sie nichts dafür tun?

3. Ein genau festgelegtes Datum wann Sie die Summe auf Ihrer Habenseite verbucht sehen wollen. Irgendwann ist kein fester Zeitpunkt.

4. Erarbeiten Sie nun einen Plan, wie Sie in die Gänge kommen und Ihr Vorhaben in die Tat umsetzen. Sobald Sie einen Gameplan entwickelt haben legen Sie los.

5. Schreiben Sie alle zuvor angesprochenen Punkte auf ein Blatt Papier. Kein Schmierzettel, schön sauber und ansehnlich. Geben Sie Ihrem Ziel den Wert, den es verdient.

6. Lesen Sie sich mehrmals täglich, am besten laut die von Ihnen erstellte Liste vor. Am besten vor und nach dem Schlafengehen, gehen Sie ganz in Ihrer Sache auf. Stellen Sie sich Ihr Ziel ganz plastisch vor Ihrem inneren Auge vor. Spüren Sie Ihren Wunschbetrag mit allen Sinnen.

Unterschätzen Sie diese sechs Punkte Liste nicht. Die Kraft des Visualisierens, und die Macht des Aufschreibens ist von großer Bedeutung.

Wenn Sie erst einmal auf dem Weg sind, ist der nächste Schritt, nämlich sich um andere zu kümmern, indem Sie sich engagieren und spenden oder eine Stiftung gründen vorprogrammiert. Nächstenliebe und soziales Engagement kennen keine Grenzen. Man muss nicht weit blicken, um zu erkennen, dass es Menschen auf der Welt gibt, denen es um ein Vielfaches schlechter geht als uns, und auch in unserer direkten Nachbarschaft gibt es Fälle, die wir unterstützen sollten. Ihre Spende muss nicht zwingend an Menschen oder Kinder gehen, Ihr Herzensprojekt könnte sich mit dem Erhalt der Natur, dem Schutz von Tieren oder Denkmälern befassen. Hilfe ist immer erwünscht und macht beide Seiten glücklich. Helfen muss auch nicht in Form eines monatlichen Dauerauftrags geschehen. Wir können unsere Zeit spenden und ein Ehrenamt bekleiden, wir können Wissen und Erfahrung vermitteln, indem wir vielleicht Nachhilfestunden gestalten, oder wir reduzieren Besitztümer und schenken Kleidung, Möbel oder Haushaltsutensilien gemeinnützigen Einrichtungen.

Sein Sie nicht vom Stamme Nimm. Je öfter Sie geben, desto besser werden Sie sich fühlen, weil Sie Gutes getan haben. Durch Spenden zeigen Sie ebenfalls, dass Sie sich selbst vertrauen und dass das Weitergegebene erneut zu Ihnen zurückfließt. Genauer gesagt tauschen wir Energien aus. Sie als Sender in Form von Geld, Zeit oder Sachgütern und der Empfänger in Form von Freude über die Unterstützung und Aufmerksamkeit, die ihm zuteilwird.

# Finanzielles Know-how – Ihr Geld braucht eine Taktik

*"Man muss das Geld heiß lieben und es kalt behandeln."*

André Kostolany

Wie in allen Lebensbereichen ist ein gesundes Maß an Selbstvertrauen und Überzeugung wichtig, um gute Entscheidungen zu treffen und in jeder Hinsicht aus den Vollen schöpfen zu können. Dies ist jedoch nur möglich, wenn Sie ein gewisses Know-how besitzen. Überlegen Sie mal in welchen Situationen fühlen Sie sich am sichersten? Klar, in solchen, die Sie schon oft erlebt und gut gemeistert haben. Was bringt es Ihnen, Ihr gut verdientes Geld zu sparen, clever anzulegen, wenn Sie die Steuern, Gebühren, Zinsfresser und Verträge außer acht lassen. Denn oftmals sind es gerade diese Feinheiten, die Sie in der Nacharbeit unnötig Zeit, Geld und Nerven kosten. Finanzstrategien sind so individuell wie Lebensmodelle. Manch einer führt ein Leben in einer Patchwork-Familie, ein anderer ist Single und wieder andere führen ein ganz konservatives Leben mit Mama, Papa, Kind und Hund. All diese Menschen benötigen ein auf sie zugeschnittenes Finanzkonzept und auf ihren speziellen Lebensumstand passendes Wissen. Zeitliche und steuerliche Besonderheiten führen zu verschiedenen Anlage- und Finanzmodellen. Doch eins haben alle gemeinsam, sie müssen sich in der Materie auskennen. Ist es Ihr Ziel, mit 50 vorzeitig in Rente zu gehen, werden Sie sich besonderes Wissen darüber aneignen wie Sie dieses Ziel erreichen und erfolgreich durchführen. Es wird Ihnen nichts bringen, Luftschlösser zu bauen die unrealistisch sind und auf einem wackeligen Fundament stehen.

Betrachten Sie eine Enfilade. Die aus der Architektur der Barockzeit stammende Raumflucht, die prunkvolle Schlösser und Herrenhäuser wie sie etwa das Schloss von Versailles oder die Residenz in Würzburg besitzen, könnten wir bildlich für unseren Wissensstand nehmen. Eine Aufreihung von Räumen deren Türen exakt gegenüberliegen. Stellen wir uns an die Nordseite der Enfilade und Blicken gen Süden, so können wir das andere Ende nur entdecken, wenn alle Türen geöffnet sind. Ist allerdings nur eine einzige Tür verschlossen, bleibt der Blick versperrt und somit das Ziel in weiter Ferne.

Um nicht unnötig vor verschlossenen Türen zu stehen ist es, unabdingbar ihr gesammeltes Wissen umzusetzen. Part eins bedeutet somit, Selbstvertrauen aufbauen, heißt, sich das Wissen anzueignen, also einen klaren Blick über die Situation zu verschaffen und anschließend alle Türen zu öffnen und zu guter Letzt das Gelernte auch anzuwenden. Nur so können Sie Ihren Weg, von dem einen Ende bis zum anderen komplett überschauen. Ich verspreche Ihnen, diese Aussicht ist sowohl optisch als auch finanziell eine gewinnbringende.

Selbstvertrauen entsteht vor allem durch vergangene Ereignisse, die wir gemeistert haben und die uns so leichter ins Handeln kommen lassen. Wir müssen Chancen die uns das Leben bietet ergreifen und das Geschehen nicht wie ein Zuschauer auf der Mattscheibe an uns vorbeiziehen lassen. Zufälle wird es immer geben, da diese wahrscheinlich fällig waren und uns wie das Wort schon sagt Zu-Fallen. Sie ergreifen und etwas daraus machen müssen wir selbst. Selbstvertrauen hat nichts damit zu tun, dass alles gut wird, sondern das wir mit allem das auf uns zukommt gut umgehen können. Ein Wunsch ohne Handlung wird immer eine Träumerei bleiben. Auch mit dem Mund alleine gewinnt man keinen Preis. Tun statt Reden ist die Devise. Statt den Erklärbär spielen, lieber vormachen. Je mehr wir uns trauen, Dinge anzupacken, umso mehr Lernen wir unseren Aktionen und schließlich uns selbst zu vertrauen. Wir sind nun nicht mehr das Fähnchen im Wind, sondern der Wind selbst der die Richtung vorgibt.

In den kommenden Kapiteln bekommen Sie einen Einblick in die wichtigsten Finanzstrategien und Grundregeln die Sie an die Poleposition bringen. In welchem Tempo und mit wie viel Geschick Sie sich Richtung Zielgerade bewegen entscheiden Sie. Doch schon alleine die Startposition in der ersten Reihe wird Ihnen das nötige Selbstvertrauen verschaffen. Lesen Sie nun gleich weiter, wie Sie sich am geschicktesten in die erste Reihe manövrieren.

# Minimalismus – warum weniger mehr ist

*„Je mehr du minimalisierst, desto mehr wirst du finden."*

Asiatisches Sprichwort

Eine weiträumige Wirkung auf unser Leben haben vor allem unsere Besitztümer. Wer nicht viele Dinge sein Eigen nennt, hat zudem weniger zu verlieren. Weniger Haben bedeutet weniger kümmern und weniger kümmern bedeutet weniger Sorgen. Minimalismus ist ein Gewinn an Lebensqualität, an Lebenszeit und mentaler Präsenz, es bringt Klarheit und Struktur ins Leben und ermöglicht im Zuge dessen mehr Übersicht und einen genaueren Blick auf das Wesentliche. Und auch wenn Sie sich jetzt fragen, was hat das alles mit Wohlstand zu tun, werden Sie schnell feststellen: Sie brauchen definitiv weniger Besitz, aber dafür mehr Investment.

Es war unser Neuanfang. Wir unterschrieben den Kaufvertrag für unser bewusst verkleinertes Domizil das 15 Monate später bezugsfertig sein sollte. Wir wollten einen reibungslosen Neustart, es sollte nur mit was wir wirklich brauchten und was glücklich machte. So lautet der minimalistische Gedanke. Frei nach dem Motto: Alles, was du brauchst, ist weniger. Wir begannen zu Hause, um es genau zu sagen, im Kleiderschrank. Dies war der für uns offensichtlichste Ort mit dem meisten Potenzial.

Für manche ist Kleidung, die man trägt ein Identitätsverstärker, für andere wiederum eine Uniform. Steve Jobs, Gründer von Apple Inc., ist wohl der bekannteste Unternehmer, der über Jahrzehnte einen simplen Kleidungsstil auf allen Pressekonferenzen repräsentierte. Unvergessen sind seine Auftritte in einem schwarzen Rollkragenpullover, einer blauen Jeans und denselben Paar weißen Turnschuhen. Wenn Sie Steve Jobs, oder auch andere supererfolgreiche Unternehmer googeln und auf die Bildersuche gehen, werden Sie oft einen Uniformcharakter des Kleidungsstils derjenigen registrieren. Das liegt daran, dass diese Menschen keine Zeit und Energie aufwenden wollen, sich mit belanglosen Entscheidungen aufzuhalten. Für sie gibt es Wichtigeres als den morgendlichen Blick in die Garderobe. Und auch das Ausmisten eines vollen Kleiderschranks gehört mit Sicherheit nicht dazu.

Wie bei allen Lebensweisen gibt es auch im Minimalismus unterschiedliche Level. Finden Sie Ihren Stil. Bei der Light-Version wird man sich Kleidungsstücke bewahren, die aus dem gleichen Farbspektrum stammen und somit gut miteinander kombinierbar sind. Die Menge und der Nutzen sind hier entscheidend. Das Projekt 333 ist eine 3-monatige Challenge, bei der es die Aufgabe ist, mit maximal 33 Kleidungsstücken inklusive Accessoires und Schuhen auszukommen. Bei dieser Herausforderung wird man automatisch Teile wählen, die gut zu einander passen. Man wird sich an den Prozess gewöhnen und erstaunt sein, wie vielfältig das Ausgewählte einsetzbar ist. Die Schweizer Bloggerin Zippora Marti machte ein Experiment und trug ein Jahr lang dasselbe Kleid. Sie kombinierte Ihr Outfit mit verschiedenen Leggings, Strickjacken und Mänteln, das Erstaunliche, niemand in Ihrem Umfeld der nicht eingeweiht war, hat es bemerkt.

Andere Minimalisten ziehen es vor, Ihren Besitz und Ihre Garderobe komplett „clean" zu halten. Diese Regel gilt sowohl für das Interieur als auch für den Kleiderschrank. Zusammengefasst kann man sagen, dass man Zeit spart, Geld spart und auch weniger durch Werbung beeinflussbar ist, da der Konsum nicht mehr im Vordergrund steht, oder ganz einfach runtergebrochen: „Alles, was Du besitzt, besitzt in irgendeiner Form auch Dich."

Um richtig gut auszumisten, oder wie wir es auch nennen „decluttern" brauchen Sie Geduld. Legen Sie ihren gesamten Kleiderschrank auf ihrem Bett oder auf einem Tisch offen. Ihr Kleiderschrank sollte komplett leer sein. Nun betrachten Sie jedes einzelne Teil, nehmen Sie es in die Hand, befragen Sie sich. Wann habe ich diese Bluse das letzte Mal getragen, sitzt diese Hose gut, wie fühle ich mich in dem Anzug? Greifen Sie nicht auch immer zu den gleichen Lieblingsstücken, weil sie Ihnen stehen, bequem sind und Freude machen? Für unser „decluttern" hatten wir einige grundlegende Spielregeln aufgestellt. Wenn wir etwas länger als ein Jahr nicht getragen haben wurde es, ohne nachzudenken aussortiert, alles andere blieb vorerst.

Zur Bestandsaufnahme und um ein neues Ordnungssystem zu etablieren, benötigen Sie mehrere Kartons. Beschriften Sie diese vorab nach den Kategorien: spenden, verkaufen, wegwerfen. Falls der Trennungsschmerz bei manchen Teilen noch groß ist oder das weitere Vorgehen mit diesen Dingen ungewiss ist, können Sie einen dazu bestimmen, ihr „Noch nicht sicher"-Karton zu werden. Diesen Karton deponieren Sie, beschriftet mit dem Datum des Aufräumtages für sechs Monate im Keller und machen sich zusätzlich eine kleine Notiz in Ihrem Kalender. Wenn Sie nach einem halben Jahr kein Teil vermisst haben, fliegt es beim nächsten Durchgang raus. Oft ist es mit einem Durchgang nicht getan. Herr M. war da viel entschiedener als ich, er war nach zweimaligem Ausrangieren fertig. Ich berufe mich hingegen immer wieder auf das Frausein und gestehe hiermit, dass ich heute, selbst nach der absichtlichen Anschaffung eines kleineren Kleiderschranks, noch nicht auf meine Ideal-Ausstattung blicke. Doch ich werde von Mal zu Mal gelassener.

Nach dieser Methode des äußeren Entrümpelns verfahren Sie nun mit jedem Schrank, jedem Zimmer, dem Keller, der Garage, dem Garten oder Balkon, dem Auto, Ihrem Büro oder Arbeitsplatz. Sie werden erstaunt sein, was man alles findet, dass man entweder vergessen hat, nicht genutzt hat und somit logisch: Einfach nicht braucht!

Behalten Sie immer im Hinterkopf, materielle Dinge verursachen nicht nur Anschaffungs-, Betriebs-, Wartungs- und Entsorgungskosten, sondern nehmen auch jede Menge Platz in Anspruch. Die nachfolgende Aufzählung zeigt deutlich die finanziellen Vorteile des Minimalismus auf:

- geringere Fix- und Nebenkosten

- niedrigere Aufbewahrungskosten

- Langlebigkeit von Produkten durch höhere Qualität

- Wohnkostenminimierung

- weniger Folge- und Reparaturkosten

- reduzierter Stromverbrauch durch weniger Geräte

- geringere Versicherungskosten

Wir möchten Sie im Folgenden auf einen kleinen Exkurs in unsere Welt mitnehmen. Wir wollten uns den Spaß nicht nehmen lassen und werden Ihnen nun verschiedenen Krimskrams auflisten den unsere Verwandten und Bekannten teilweise unter dem Bett, auf dem Dachboden, in der Rumpelkammer oder einfach im ganzen Haus verstreut aufheben. Die „Ertappten“ Leserinnen und Leser mögen uns verzeihen. Und los geht’s:

- Alle Kleinkinderspielsachen der studierenden Tochter

- D-Netz Ericsson Handy in Form eines Hundeknochens ohne Akku und Ladekabel

- einzelne inkompatible Socken

- Kosmetik, die seit der Wiedervereinigung von Ost- und Westdeutschland nicht mehr benutzt wurden

- unzählige halbleere Klebebandrollen

- Frischhaltedosen ohne Deckel

- einzelne Deckel, die nicht auf die vorhandenen Frischhaltedosen passen

- Sektkorken einer Geburtstagsfeier Jahrgang 1994
- Brotbackmaschine, die nach einmaligem Gebrauch im Keller original verpackt verstaut mit verräterischem D-Mark Preis ausgezeichnet ist
- Schuheinlagen in Kindergrößen obwohl die Kinder schon außer Haus sind
- Staubsaugerbeutel der drei nicht mehr existenten Vorgänger Modelle
- Tischdeckenvariationen für 365 Tage
- Schulranzen inklusive eingetrocknetem Füller und Zirkel des erwachsenen Sohnes aus der 5. Klasse
- Gebrauchsanweisungen und Unterlagen von Dingen, die seit Jahrzehnten oder länger nicht mehr existieren
- alte Videokassetten ohne Videorekorder
- Wandfarbe, die im Keller bereits betonartig eingetrocknet ist

Sie müssen nicht zum Kyniker werden, nichtsdestotrotz bietet das Stillen des Verlangens nach materiellen Gütern befreiende Leichtigkeit und senkt zusätzlich die Kosten des Aufbewahrens. Grundsätzlich gilt es, sich vor jeder größeren wie kleineren Anschaffung zu fragen: Brauche ich das wirklich? Bevor Sie also etwas Neues in Ihre Sammlung aufnehmen, kümmern Sie sich erst um den vergessenen verstaubten Dachboden, denn Minimalismus bedeutet nicht zu wenig besitzen, sondern von allem genau das Richtige.

Wenn wir uns die Bedeutung des Wortes brauchen richtig bewusst machen, werden wir feststellen, dass wir tatsächlich sehr wenige Dinge brauchen oder benötigen, die unseres Erachtens nach lebensnotwendig sind. Was der Mensch braucht, sind die elementaren Dinge wie Luft, Wasser, Nahrung und Licht. Genaugenommen alles Stoffe, die in der Natur vorkommen. Alle anderen Güter sind genaugenommen Luxus. Unsere Möbel, Kleidung, Spielzeug, Uhren, Schmuck, Schuhe aber auch Apps, Abos und Computerzubehör (und diese Liste lässt sich endlos weiterführen), all diese Dinge haben eines gemeinsam, sie sind Konsumgüter. Minimalismus propagiert nicht ein Leben ohne diese Dinge, für ein zivilisiertes Dasein sind sie sogar unerlässlich. Doch sollte man von Zeit zu Zeit eine kleine Bestandsprüfung durchführen, um nachzuvollziehen wie viele Küchenhelfer man wirklich benutzt, welche Kleidung man wirklich trägt, wie viele Gadgets man wirklich anwendet, oder ob man sogar noch das ein oder andere Teil findet, welches noch das Etikett trägt. Apropos Etikett: In einem kleinen Skiort in der Schweiz brachte uns neulich die Aufschrift auf einem Schild an einer Art Tante Emma-Laden zum Schmunzeln. Dort stand: „Wir haben alles, was Sie brauchen, was wir nicht haben brauchen Sie auch nicht.“

Bitte verstehen Sie uns richtig, kosten Sie die Sonnenseiten des Lebens voll aus. Um aber einen Sonnenbrand zu vermeiden, immer mit einer gewissen Demut, Bodenhaftung und Dankbarkeit.

Wo sich ein Messi nicht mehr um Hygiene und Ordnung kümmert, kommt der Clean-Messi ins Spiel. Viele Menschen horten und sammeln Gegenstände, weil sie es ja eines Tages noch brauchen könnten. Oft findet dieses Verhaltensmuster in einem auf den ersten Blick geordneten und sauberen Terrain statt. Bei genauerem Hinschauen fällt auf, dass man 3 Dosenöffner hat oder 5 leere Karaffen oder 7 gleichgroße Inbusschlüssel. Vor allem Küchenschränke und Schubladen sind klassische Clean-Messi Hotspots. Setzen Sie auf Qualität nicht Quantität. Lernen Sie loszulassen. Besitzt man weniger, muss man auch nicht mehr so viel loslassen. Die einzige Ausnahme beim Sammeln und Horten, die sinnvoll ist, ist ein ausgedehnter Fundus an Glücksmomenten und Freunden.

Die Kunst den Lebensraum und den Menschen in Einklang zu bringen vermag auch die uralte chinesische Harmonielehre Feng-Shui. Das Zusammenspiel von Wind (Feng) und Wasser (Shui) schützt unsere Lebensenergie und schafft es, diese positiv zu beeinflussen. Wir sind überall und jederzeit umgeben von Energiebahnen, die Asiaten nennen das Qi. Damit unser Qi, also unsere Lebensenergie nicht ins stocken kommt, und sich die Wandlungsphasen der fünf Elemente in einer harmonischen Wohnatmosphäre einfügen können, zeigt Feng-Shui Dekoideen und Einrichtungskonzepte auf, die sehr leicht umzusetzen sind. Auch hier ist weniger mehr und keine Einladung nach dem Ausmisten sofort loszurennen und sich den Lebensbereich erneut mit trendigen Wohnaccessoires und Trophäen aufzupeppen. Klare Linien, die Positionierung der Lichtquellen, und das entfernen von „Altlasten“ darin liegt die Kraft von Feng-Shui.

Minimalismus ist die Arbeit mit dem selbst. Es schafft eine Analyse der Gewohnheiten, die wir über Jahre hinweg verinnerlicht haben und lehrt uns, loszulassen. Wir dürfen nicht in der Vergangenheit verharren, denn die Vergangenheit ist da, um aus ihr zu lernen und nicht, um in ihr zu leben. Auf das Hier und Jetzt kommt es an. Minimalist wird man nicht über Nacht, schon weil es Wochen und Monate dauert, bis man sich jedes Stück, das man besitzt, bewusst anschaut, bewertet und schließlich entscheidet, was nach all diesen Schritten damit geschehen soll. Der durchschnittliche Haushalt verfügt über unzählige Gebrauchsgüter, laut Umwelt Bundesamt steigt mit dem Einkommen auch die Zahl der Güter. Man sollte einmal genau in sich hinein hören und analysieren, ob man nun kauft, weil man den Gegenstand wirklich braucht oder weil es ein Ersatz ist für die wichtigen Dinge, die im eigenen Leben fehlen. Minimalismus hilft Ihnen dabei, Unnötiges zu entfernen, damit Nötiges sich entfalten kann, denn jeder Gegenstand bindet wertvolle Kapazität.

Unwissende vergleichen Minimalismus mit einem Leben am Existenzminimum. Wegbereitend für minimalistische Lebensräume sind jedoch nicht aufgetürmte Bananenkartons und Paletten die als Möbel dienen, sondern ganz im Gegenteil, wertige von schematischer Klarheit gekennzeichnete Räume, die durch Reduktion von Stimuli eine maßgebende Philosophie für das ganze Leben darstellt. Ein gutes Beispiel ist unser guter Freund, Zahnarzt und Minimalist (nennen wir ihn) Dr. Dent. In seinem 120 qm Penthouse Loft über den Dächern der Stadt steht eine Couchgarnitur, ein riesiger Glastisch und ein Bücherregal, das so lang ist, als wohnte dort Herr Thalia persönlich. Den Essbereich ziert ein wunderschöner Echtholztisch, natürlich eine Maßanfertigung, der Platz für ca. 10 Personen bietet. Die Wände sind sehr schlicht gehalten, unsere Eltern würden sagen kahl, jedoch beleuchten einige dezente Lichtquellen zwei grandiose wertvolle Gemälde. Die Designerküche, die täglich benutzt wird, sieht aus, als würde man sich in einer Musterwohnung aufhalten. Im Großen und Ganzen würden wir den Lebensraum unseres Freundes als puristisch, übersichtlich beschreiben, wie gesagt andere Menschen, die dem Minimalismus einen negativen entbehrenden Charakter andichten könnten diesen Lebensraum eher als spartanisch ansehen. Erkennen Sie allmählich, dass ein schlichtes, einfaches Leben nichts mit billigem Ramsch, Enge oder Verzicht zu tun hat? Sie wären erstaunt wie gut man ohne Ablenkung feiern, leben und träumen kann.

Der Blick in einen aufgeräumten Raum oder Schrank ohne viele Reize, mit dem ein oder anderen Akzent ist eine optische und seelische Wohltat. Ordnen Sie Ihr Umfeld, sprich Ihren Wohnraum, Ihren Keller und Ihren Arbeitsplatz und Ihr Geist wird klarer und empfänglich für die wirklich wichtigen Dinge. Geben Sie Ihrem Leben eine Struktur, nicht nur analog, sondern auch digital. Viele Erinnerungsstücke und Geschenke lassen sich in Form eines Fotos speichern und werden so von Ihrem physischen Schicksal des Verstaubens erlöst. Unsere Umgebung ist eine Spiegelung der Seele. Fälschlicherweise werden Sauberkeit und Ordnung nicht mit einem klaren Verstand in Verbindung gebracht. Wer nach bestimmten Dingen im Haushalt suchen muss, weil einfach zu viel da ist, wird auch bei sich selbst in die Tiefe gehen müssen, um zu suchen. Minimalistisch lebt man nicht durch die Anzahl der Besitztümer, vielmehr ist es die allgemeine Einstellung die wir zum Leben haben. Weniger ist mehr oder wie es das KISS-Gesetz sagt „keep it simple and smart".

## Frugalismus – wie Sparsamkeit mehr Reichtum erzeugt

*„Die Menschen verstehen nicht, welch große Einnahmequelle in der Sparsamkeit liegt."*

Marcus Tullius Cicero

Ist man heute up to date, kommt man am Frugalismus nicht mehr vorbei. Übersetzt man das englische Wort frugal so begegnet man Merkmalen wie Sparsamkeit, Wirtschaftlichkeit aber auch Bescheidenheit. Die wahre Bedeutung hinter diesem Begriff jedoch kennen wohl nur die Frugalisten selbst. Wir definieren uns im entferntesten Sinne als frugalistische Minimalisten. Was sich bei manchen Verfechtern der einen oder anderen Lebensform ausschließt, bedeutet für uns schlicht und ergreifend, genügsam und trotzdem in vollen Zügen zu leben.

Wenn man sich mit dem eigenen Wohlstand und dem „Money-polieren" beschäftigt, wird man früher oder später, im besten Fall aus freien Stücken, auf das Thema

Sparsamkeit treffen. Wir sprechen nicht von einer „jeden-Cent-umdrehen-Mentalität“, sondern von gezieltem Wirtschaften. Und auch wenn viele bei dieser Lebensform entrüstet die Hände über dem Kopf zusammenschlagen und mit erhobenem Zeigefinger anmerken werden, dass man sich durch solche Glaubenssätze unfreiwillig ein Limit setzt, muss man verstehen, dass Sparsamkeit nicht zwingend mit Entbehrung einhergeht. Was ich und Herr M. unter dieser „sparadiesischen“ Lebensweise verstehen, ist der verantwortungsvolle Umgang vor allem mit dem Geld aber auch mit allen anderen Ressourcen und dem entsprechenden Verhalten, das zu einer komfortablen Menge Kapital führt, um unkompliziert und wunschlos glücklich durchs Leben zu schreiten.

Wir sehen den Frugalismus als eine Art Finanzstrategie. Wie Sie schon vorab lesen konnten, setzen wir unsere geplante Lebenszeit auf Erden hoch an, denn durch neueste medizinische Fortschritte, eine gesunde Lebensweise und unser Mindset steht einer Lebenserwartung von 100 plus Jahren nichts entgegen. Das Erreichen eines unabhängigen freien Lebens durch Investitionen und den damit verbundenen Dividenden oder sonstigen Kapitalerträgen haben im Frugalismus einen hohen Stellenwert.

Durch die inflationäre Bereinigung des Geldes ist dieses finanzielle Ziel jedoch nicht durch simples Sparen erreichbar. Verwechseln Sie nicht Geiz und Frugalismus, denn Kleinvieh macht auch Mist. Für Frugalisten ist jeder Euro immer gleich viel Wert. Wie verhält es sich bei Ihnen? Nehmen wir an, Sie möchten sich Kopfhörer für 350 Euro kaufen. Würden Sie für eine Ersparnis von 100 Euro durch die halbe Stadt fahren? Und würden Sie für die gleiche

Ersparnis bei der Anschaffung einer Harley-Davidson für 35000 Euro, denselben Weg auf sich nehmen? Natürlich ist dieses Beispiel absichtlich überspitzt gewählt, doch es verdeutlicht ganz gut: 100 Euro sind so oder so 100 Euro.

Als frugalistische Minimalisten raten wir von einer übertriebenen Sparsamkeit ab. Hierbei sei noch anzumerken, dass dieser Rat weder einer eindeutig frugalistischen noch einer minimalistischen Natur entspringt. Um sich einen monetären Vorteil zu verschaffen, schränken sich manche Frugalisten in vielen elementaren Punkten ein. Spart man an gesunden Lebensmitteln wird dies früher oder später mit höheren Arztkosten aufzuwiegen sein. Wir kennen eine Frugalistin die sich zum größten Teil von Reis, Linsen und Sahne ernährt. Man muss kein Ernährungsberater sein, um über die Sinnhaftigkeit einer solchen Kost zu diskutieren. Zusätzlich schmälert eine schlechte Ernährung die Leistungsfähigkeit und im übertragenen Sinne auch Ihren finanziellen Erfolg.

Unsere Lebenszeit ist begrenzt und genau deshalb sollten wir mit unserer Sparsamkeit sparsam umgehen. Zugegeben, das klingt etwas verwirrend. Was wir damit meinen ist, sich gezielt Dinge und Erlebnisse zu gönnen. Lesen Sie den letzten Satz bitte noch einmal. Sich gezielt Dinge und Erlebnisse gönnen. Merken Sie etwas? Gezielt gönnen, nicht wahllos konsumieren. Wir beobachten oft das durch das unkontrollierte und meist unnötige herausschleudern des verdienten Geldes keinerlei finanzielle Struktur oder irgendeine Form von Ordnung im Leben der Menschen herrscht. Die Balance zwischen Verschwendung und Geiz ist ein Seiltanz der Extreme. Wer beim Balancieren nicht vom Baumstamm fallen möchte, darf sich zwar in alle

Richtungen lehnen, aber eben nur so viel, damit man nicht ganz umkippt. Sich in ein Extrem zu verirren ist nie sinnvoll. Mehr einnehmen als ausgeben, das ist die Grundregel, alles andere kann nicht funktionieren. Auf die Gründe, warum das so ist, werden wir an einem späteren Zeitpunkt noch einmal zurückkommen. Nur wer Geld behalten kann, wird finanziell unabhängig werden. Wenn Sie aus Ihren Einnahmen noch eine zusätzliche stattliche Sparquote generieren, könnten Sie den frugalistischen Weg für sich in Betracht ziehen. Und auch wenn Sie nicht mit 40 in „Rente“ gehen wollen, steht es Ihnen frei sich die besten Hacks von den Frugalisten abzuschauen. Einfachheit, Schlichtheit und Sparsamkeit sind in vielen Köpfen oft negativ belegt. Der meist abwertend benutzte Spruch „von den Reichen lernt man sparen“ verdeutlichen zynisch eine Sache, die so schlecht doch gar nicht ist.

Warren Buffett einer der reichsten Männer der Welt lebt heute noch in seinem 1958 erworbenen Haus, er bezeichnet es als „die beste Investition meines Lebens!“

Auf einer Reise nach Buenos Aires bin ich einem höchstwahrscheinlich äußerst betuchtem argentinischen Ehepaar begegnet. Sie wissen ja, über Geld spricht man nicht, schon gar nicht mit Fremden. Woher ich dann weiß, dass die beiden älteren Herrschaften reich waren, nun ja Penelope, so stellte sich meine Sitznachbarin vor, war circa 155 cm groß, etwa 70 Jahre alt und gut gekleidet, ihr Mann Juan etwa 5 cm größer als sie. Die beiden saßen neben mir in einer Mittelreihe. Das sind die Reihen die links und rechts einen Gang aufweisen und noch nicht einmal den heißbegehrten Blick aus dem Flugzeug Fenster gewähren.

Die beiden erzählten, dass sie Pferde besaßen und nun endlich einmal Europa bereisen konnten, da sich ihr Sohn bereit erklärt hatte die Pflege für die Paarhufer zu übernehmen. Als der erste Service vorbei war und sich der Bordverkauf näherte, bat mich, die kleine Dame aufzustehen. Ihr Ehemann Juan streckte sich, um ihr den Geldbeutel aus der Handtasche, die sich im Bin, über dem Sitz befand, anzureichen.

Sie hatte sich vorab Spielsachen für ihre Enkel im Bordverkaufsmagazin markiert. Eine Krawatte für Juan wurde auch noch on top bestellt. Als die Stewardess ihr den Preis nannte, zückte sie eine schwarze AMEX-Kreditkarte. Die Flugbegleiterin riss die Augen weit auf und erstrahlte. Dies war auch nicht weiter verwunderlich, denn die Centurion Card, wie sie offiziell genannt wird, hält ausschließlich ein elitärer Kreis von Menschen, die von dem Kreditinstitut American Express vergeben wird. Sie ist wohl eine der exklusivsten Zahlungsmittel überhaupt und schlägt sich auf dem Verbindlichkeitskonto mit einer Jahresgebühr von circa 2000 Euro zu Buche, dafür genießt man dann auch ein umfangreiches VIP Paket wie Limousinen Service, einen persönlichen Ansprechpartner weltweit und noch etliche weitere Extras. Als Penelope ihren Einkauf und ihre Kreditkarte in Empfang nahm, schaute sie mich offenherzig an und drückte mir die Karte in die Hand. Die Form war die einer Kreditkarte doch das Gewicht und die Tiefe der Karte war eine andere, die ich von meinem Zahlungsmittel nicht gewohnt war. Mit einem Augenzwinkern angedeutet würde ich die Karte mit einem kleinen schwarzen Goldbarren vergleichen. Ich gab die Karte Penelope zurück und fragte sie höflich: „Warum fliegen Sie beide denn Economy?". Sie lächelte und sagte: „Wir sind beide so klein, wir brauchen nicht viel Platz und der Service ist auch in der Economy-Klasse wirklich erstklassig!"

Es gibt wohlhabende Zeitgenossen, die verschwenderisch sind und es gibt diejenigen, die genügsam sind, beide können sich das ein oder andere leisten, der Unterschied ist, der Wert, den sie Dingen beimessen. Es ist die Wahl, die Sie und wir alle treffen. Wie wollen wir leben? Was steht uns zur Verfügung? Und wie gehen wir mit diesen Ressourcen um? Schon Der Alte Fritz, Friedrich der Große König von Preußen sagte: „Jeder soll nach seiner Fasson selig werden". Für uns ist das der frugalistische Minimalismus.

## „Konsumzius" sagt: Was haben Sie denn jetzt schon wieder gekauft?

*„Zu viele Leute geben Geld aus, das sie nicht haben, um Dinge zu kaufen, die sie nicht brauchen, um Leute zu beeindrucken die sie nicht mögen."*

Will Rogers

Wir konsumieren, um zu überleben; und wir konsumieren, um zu sein, um etwas darzustellen. Schlagen wir die Herkunft des Wortes „consumare" nach, so wurde der

Begriff im Lateinischen als Verbrauchen verstanden. Das Tauschen und Handeln von Gütern existierte in der Menschheitsgeschichte schon immer, jedoch ist das ausufernde Maß an Besitz und Konsum seit Mitte des 19. Jahrhunderts stetig gestiegen. Einen großen Dank kann man hier ironischerweise der Werbung aussprechen, die uns Menschen lediglich als Verbraucher sieht. Zusätzlich verstärkt wird diese Spirale natürlich auch noch durch die geplante Obsoleszenz, sprich dem gezielten vorzeitigen Verschleiß von Gütern. Hier verständigt sich die Industrie darauf, die Produktlebensdauer, sagen wir einer Kaffeemaschine oder eines Kleidungsstückes durch fehlerhafte oder qualitativ schlechte Rohstoffe, um ein Vielfaches zu verkürzen, damit wir schön brav nachkaufen, wenn etwas irreparabel kaputt gegangen ist. Natürlich ist nicht alleine die Industrie und Werbebranche für diesen Sachverhalt zur Verantwortung zu ziehen. Denn bei diesem Sachverhalt darf sich auch jedes einzelne Individuum angesprochen fühlen, das unbewusst oder aus einem Mangeldenken heraus so vorgeht. Denn jedes Mal, wenn wir kaufen, um ein kurzes Hochgefühl in uns zu produzieren, sind wir voll und ganz verantwortlich. Die Unfähigkeit sich nicht von Litfaßsäulen und Anzeigen die uns in die Quere kommen beeinflussen zu lassen streut hier nur zusätzlich Salz in die Wunde. Wir müssen verstehen das Kaufimpulse aus drei Gründen in uns entstehen:

- Unsere Begierde lässt nur einen verschleierten Blick zu. Schnäppchenjäger aufgepasst: Wenn ein 100 Euro Parfüm 70% reduziert ist, Sie es aber weder wollten noch brauchen, haben Sie sich einlullen lassen und trotzdem sinnlos

30 Euro ausgegeben und somit gar kein Schnäppchen gemacht. Mein Vater sagte immer: „Nur weil gerade ein Eisenbahnwagon reduziert angeboten wird, muss ich diesen nicht kaufen.“

- Angst vor Mangel, mit anderen Worten, Mangeldenken gegen Fülledenken: Viele Menschen denken leider im Mangel statt in der Fülle. „Oh, was ich doch alles nicht habe“ oder „das neue Motorrad des Nachbarn hat viel mehr PS als meins“ sind Gedanken, die Sie auf eine steile Rutschbahn befördern, die immer mehr an Fahrt gewinnt. Möchten Sie am Gipfel stehen, müssen Sie sich der Fülle in Ihrem Leben bewusst werden. Denken, fühlen und schätzen Sie all das, was Sie bereits besitzen.

- Wir möchten einer Unzulänglichkeit in uns entkommen und hoffen, dies durch den Konsum zu erreichen.

In diesem Buch werden Sie immer wieder über Hinweise stolpern die genau diese Verhaltensmuster aufdecken, und es werden Ihnen Lösungen vorgeschlagen, die Sie, sollte es Ihnen ernst sein, einfach eins zu eins umsetzten können. Die Kritik und bildliche Beleuchtung des überflüssigen Konsums zieht sich durch dieses Buch wie die Leuchtreklame am Times Square, penetrant, glitzernd. Und genau hier setzen wir an, denn es ist nicht alles Gold, was glänzt. Wir alle haben alles und noch viel mehr. Würden wir uns heute dazu Entscheiden nur noch das Nötigste zu kaufen, würde es den allermeisten an nichts Fehlen.

Die eindeutige Botschaft des Minimalismus lautet: Alles, was Sie brauchen, ist weniger. Ich frage mich manchmal, ob der Mensch Zeit kaufen würde, wenn es sie denn zu kaufen gäbe. Was würden wir mit der gekauften Zeit denn machen? Konsumieren?

Viele sind Sklaven Ihres eigenen unsinnigen Selbstbildes, das wiederum zu unsinnigem Verhalten führt. Falls Ihr Styling, Ihre Möbel und Ihr Haustier mit der neusten Modefarbe zusammenpassen müssen und Sie sich immer wieder neue Accessoires zulegen, um ein einheitliches Bild abzugeben, sind Sie wahrscheinlich dem Diderot-Effekt unterlegen. Nachdem der französische Philosoph Denis Diderot einen prächtigen neuen Morgenmantel von der Zarin Katharina II. geschenkt bekam, stellte er fest, dass sein ganzes Hab und Gut nicht mehr zu seinem Mantel passte und verfiel regelrecht in einen Zwang, dies zu korrigieren. Es ist wie verhext, Sie kaufen sich eine neue Designer-Couch und stellen schon bald fest, dass das Objekt der Begierde de facto in Ihrem Haus nichts zu suchen hat. Statt sich von dem falschen Objekt zu trennen, stellen Sie nun peu à peu einen stimmigen harmonischen Gesamteindruck her, indem Sie das komplette Mobiliar austauschen. Diderot 2.0.

Kaufen kann süchtig machen. Hilfreiche Gegenmittel, um dieser Sucht Herr zu werden, haben wir Ihnen auch schon im vorherigen Kapitel „Minimalismus – warum weniger mehr ist“ vorgestellt. Falls Sie bei sich einen immer wiederkehrenden Kaufdrang verspüren, lesen Sie bitte erneut die dortigen Ausführungen. Manchmal macht es erst beim zweiten Mal klick.

Bei den Dingen, die wir uns anschaffen, sollten wir auf Qualität achten. Auch hier gilt, wer billig kauft, kauft zweimal. Setzen Sie Ihren Standard bewusst nach oben und kaufen lieber gute Sachen, die Sie besser behandeln und mehr wertschätzen, weil es keine billigen Wegwerfprodukte sind. Sie sollten dem Rohstoff und der Herstellung Respekt zollen. So wird die Umwelt auch Ihnen für einen ressourcevollen Umgang mit ihr danken.

Schauen Sie sich mal in Ihren vier Wänden um. Wann und was haben Sie zuletzt gekauft? Haben Sie den Artikel wirklich gebraucht? Vielen fehlt einfach der Mut zum Nichts. Überwinden Sie Ihr Persönliches Horror Vacui, legen die Angst vor der Leere ab und bekommen zur Abwechslung mal einen „Mut-Anfall" und trennen sich von Unnötigem. Prüfen Sie Ihr Kaufverhalten. Wenn man sich in den Einkaufspassagen der Städte mal umschaut und all die Menschen mit Ihren Tüten beobachtet, wie sie aus den Läden stolzieren, so müsste man meinen das wir in einem Land des Mangels leben. Anscheinend kaufen Menschen, die schon alles haben immer mehr und wissen gar nicht warum. Lassen Sie sich nicht unnötig verführen. Verzichten Sie auf Werbung und setzen sich, wenn es denn sein muss für den Anfang ein kleines monatliches Budget für Spaßausgaben (also für Dinge, die Sie eigentlich nicht brauchen). Noch besser, und da werden Sie mit Sicherheit bald hinkommen ist es diese Impuls und Sofortkäufe komplett zu vermeiden. Haben Sie, zehn Tage nachdem Sie die Schuhe gesehen haben immer noch das Gefühl, Sie bräuchten sie, können Sie immer noch in den Laden zurückgehen, nachdem Sie den Bestand in Ihrem Besitz geprüft haben.

## Das Schachbrett der Finanzstrategie

*„Stärke dich mit Mäßigung, denn dies ist eine undurchdringliche Festung.“*

Epiktet

Ein Sportler hat sie, ein Unternehmen braucht sie, ein Schachspieler sowieso. Einen minutiös ausgearbeiteten Plan wie man an ein längerfristiges Ziel kommt, kurz gesagt eine gute Strategie. Doch auch an Ehrgeiz und Disziplin sollte es nicht mangeln. Lassen Sie sich nicht durch den negativen Touch der Wörter Ehrgeiz und Disziplin irritieren. In unserem Vokabular stehen sie Synonym für zielstrebige motivierte Menschen, die durch konsequente Selbstdisziplin ihr Leben gestalten und dadurch Freiheit erlangen. Disziplin ist in allen Angelegenheiten nur die erste kleine Hürde, die wir nehmen müssen, danach folgt Konsequenz, die uns unweigerlich voranschreiten lässt. Woraus wiederum Überzeugungen entstehen, die uns von dem anfänglichen Gefühl sich überwinden zu müssen, befreien. Durch Selbstdisziplin bauen Sie Ihre Optionen aus und erschaffen mit dem Willen sich etwas Gutes zu tun sozusagen ein Mitgefühl für Ihr Zukünftiges ich. Dagegen kann doch nichts einzuwenden sein. Alleine die Verwendung und Interpretation der Worte unseres Sprachschatzes, kann, um großes zu erreichen, eine erste strategische Handlung darstellen.

Wir möchten ehrlich sein, denn auch wir standen früher auf dem Schlauch und hatten keine wirkliche Strategie. Rückblickend ist zu sagen, dass dies kein wünschenswerter Zustand war. Das Leben rauschte an uns vorbei, Widrigkeiten wurden mehr schlecht als recht gemeistert und was später einmal sein würde, ach, damit werden wir schon irgendwie fertig. So in etwa sah es bei uns aus und genau so sieht es bei den meisten Menschen aus, oder besitzen Sie eine tabellarische Finanzstrategieliste?

Eine Finanzwas...? Beginnen wir bei Adam und Eva. Wenn Sie mit Ihrem Geld verantwortungsvoll umgehen möchten, brauchen Sie eine ausgeklügelte Vorgehensweise, einen Masterplan. Hätten Sie einen wichtigen Termin in einer fremden Stadt, würden Sie doch sicherlich auch das Navigationsgerät ihres Fahrzeugs bemühen, einen Stadtplan nutzen oder irgendeine alternative Hilfe hinzuziehen, um nicht stundenlang umherzuirren und Ihr Ziel nicht nur anhand von Straßenschildern, Aussagen von Fußgängern oder durch unverhoffte Eingebungen anzusteuern, oder?

Da niemand eine genaue Vorstellung von Ihren persönlichen Zielen, Ihren Wünschen aber auch Ihren Möglichkeiten hat, können einzig und allein Sie selbst Ihre Finanzstrategie festlegen (eine gute Hilfe in diesem Bereich könnten unabhängige Honorarberater sein, dazu später mehr). Strategien verschaffen Ihnen den nötigen Vorsprung, um locker über die Welle des Lebens zu reiten und

Krisen entsprechend abzufedern. Krisen sind produktive Zustände. Man muss Ihnen nur den Beigeschmack der Niederlage nehmen.

Ihr Startpunkt ist heute, das Ziel ist 100 Jahre. Die durchschnittliche Lebenserwartung in Deutschland liegt je nach Geschlecht und Lebensführung bei circa 85 Jahren, dies ist also nur der Mittelwert. Aus planerischer Sicht ist es auch erstrebenswert Ihr Lebensalter hoch anzusetzen, denn so sind Sie für ein langes Leben gerüstet. Teilen Sie nun bitte Ihre restlichen Jahre bis zum Erreichen des Jubiläums in 10 Jahres Schritte ein, wobei Sie ein genaues Augenmerk auf das voraussichtliche Renteneintrittsalter legen sollten, indem Sie dieses fett markieren. Berechnen Sie anhand Ihrer monatlichen Sparquote und des zu erwartenden Kapitals, wo Sie in den jeweiligen Dekaden finanziell stehen werden. In diese Berechnung fließen nicht mit ein Ihr Finanzpuffer für Notsituationen und kurzfristige Ziele die sich auf Ihrem Tagesgeldkonto befinden.

Für genaue Berechnungen, die auch den Zinseszins und die Inflation mit berücksichtigen, gibt es im Internet zahlreiche frei wählbare Rechner die Sie nutzen können, hier können Sie mit den verschiedenen Parametern Anfangskapital, monatliche Sparrate und der Anlagedauer spielen. Wer einmal die Wirkung des Zinseszins-Effektes begriffen hat, wie er arbeitet, wächst und gedeiht, vergleichbar mit dem Stamm einer alten Eiche, die mit den Jahren immer stärker und robuster wird, der wird ihn genauso zu schätzen wissen wie wir es tun. Richtig los geht es hier ab einem Anlagehorizont von 20 Jahren und mehr. Bleiben Sie also was Ihr Sparverhalten betrifft standhaft und geduldig. Werden Sie zu einer Eiche.

Falls Sie den Eichenstatus schon erreicht haben und es in nächster Zeit ans Entsparen geht, sollte dies natürlich auch nicht planlos geschehen. Der Corona-Crash hat gezeigt, dass jederzeit unvorhersehbare Ereignisse die man für undenkbar hielt eintreten können und selbst eine akribische Wohlstandsplanung ins Straucheln bringen kann. Vor allem in solch stürmischen Zeiten zeigt sich, wie stark eine Eiche verwurzelt ist.

## Quartalszahlen: Top oder Flop?!

*„Rechnen hilft haushalten.“*

Altdeutsches Sprichwort

Um sich auf dem Schachbrett der Finanzen richtig aufzustellen, gibt es einen Weg. Sie müssen nur alle Ausgaben der kommenden drei Monate notieren und anschließend analysieren. Mit alle meinen wir jeden Euro der Ihren Geldbeutel und Ihr Konto verlässt, aber auch Geld, welches Ihnen zufließt. Dies betrifft die Fixkosten, wie Miete, Versicherungen, Telefon, Internet, und auch die variablen Kosten, wie etwa, Lebensmittel, Sprit, Freizeitausgaben. Der Zeitrahmen ist auf drei Monate begrenzt, jedoch empfehlen wir eine immer wiederkehrende Kontrolle und Auffrischung Ihres finanziellen Budgets. Die ersten drei Monate geben aber tatsächlich schon einmal einen ersten

Einblick über Ihr Leben und wie Sie sich bei bestimmten Ereignissen, wie etwa Geburtstagen, oder überraschenden Reparaturen, kaputten Haushaltsgeräten etc. verhalten.

Um Ihre Fixkosten zu bestimmen, nehmen Sie sich Ihren Kontoauszug zur Hand und notieren alle Posten, die Monat für Monat wiederkehrend sind, listen Sie alle Posten auf einem Blatt Papier auf. Beginnen Sie mit der Miete, allen laufenden Versicherungen, die monatlich abgebucht werden, sowie Telekommunikation, Abos, Strom, Fitnessstudio et cetera, einfach alles. Notieren Sie nicht nur die Beträge, sondern benennen Sie die Ausgabe. Dies ist für den späteren Verlauf wichtig, da es Ihnen die Höhe der Ausgaben verdeutlicht und Sie im Nachgang bei den Summen die Ihnen zu hoch erscheinen, die Stellschrauben anziehen können.

Falls Ihr Haushalt Ausgaben im Bereich Freizeit und Sport von sagen wir, insgesamt 300 Euro aufweist und Sie dies bis dato noch gar nicht realisiert haben, weil dieser Posten von mehreren Konten abgebucht wird, veranschaulicht es die einmalige Summe auf den Monat bezogen viel besser. Wir waren selbst in einem Wellnesstempel angemeldet, der die Gebühr wöchentlich erhob, ab und an erhöhte sich der Beitrag sogar. So zahlten wir wöchentlich 22,50 Euro. Auf dem Kontoauszug sieht das ja erstmal ganz ansehnlich aus, das ist doch ein Kleckerbetrag, nimmt man diesen Betrag mal 4 und anschließend für unseren Haushalt mal 2 dann kommt man auf 180 Euro. Zusätzlich wurde hier unterschwellig jedes Jahr noch eine Erhöhung von einem Euro pro Woche erhoben, der Prozess war ein Schleichender, der auf den ersten Blick nichtig erschien, jedoch in der Endsumme ein immer teureres Vergnügen ohne jeglichen Benefit wurde. Durch einen gezielten Wechsel konnten wir hier mehr als die Hälfte einsparen.

## QUARTALSZAHLEN

| MONATLICHE FIXKOSTEN : MAI | 1552,50 |
|---|---|
| MIETE | 930.- |
| VERSICHERUNGEN | 93.- |
| STROM | 62.- |
| TELEFON + INTERNET | 34.- |
| KFZ (Versicherung , Steuer, Leasing etc) | 347.- |
| FAHRKARTEN | 21.- |
| VEREIN/FITNESSSTUDIO | 36.- |
| ABOS | 12.- |
| GEZ | 17.50.- |
| etc (SPAREN ,Spaßkonto ,Rücklagen) | ? |

| MONATLICHE VARIABLE KOSTEN : MAI | 759 |
|---|---|
| LEBENSMITTEL | 512.- |
| FREIZEIT (KINO,...) | 56.- |
| ESSENGEHEN | 74.- |
| KOSMETIK | 36.- |
| FRISEUR (UMGERECHNET AUF 1.MONAT) | 51.- |
| GESCHENKE (BUDGET) | 30.- |
| etc.... ( SPRIT.....,) | ? |

So verfahren Sie mit allen Ausgaben, prüfen Sie für sich, ob es Ihnen das Geld wert ist, das Sie ausgeben. Sollten

Sie Berufssportler sein und Ihr Verein der einzige im Umkreis, der die Geräte und das Know-how für Ihre Sportart mitbringt, dann werden Sie wohl kaum wechseln, auch wenn es teuer ist, denn dann brauchen Sie diese spezielle Art von Trainingsmöglichkeit. Spezialisierung kostet und darf auch kosten. Denn hier geht es ja um keine Freizeitaktivität, sondern um Ihr Humankapital, dazu werden wir im gleichnamigen Kapitel gleich noch genauer eingehen.

Kommen wir nun zu den variablen Kosten. Dies ist der aufwendige und zugleich wohl lohnendste Teil ihrer Notizen. Auf einem gesonderten Blatt Papier notieren Sie alle Ausgaben des Monats, Sie können gleich verschiedene Kategorien, wie Lebensmittel, Einkauf, Kino, Bestellungen beim Onlinehändler, Geschenke, etc. anlegen. Sie notieren im ersten Monat einfach jeden Betrag, der Ihren Geldbeutel verlässt, jede Briefmarke. Und hier gilt es nichts auszulassen, weil man denkt, ach das waren doch nur 2,20 für eine Breze und einen Kaffee. Wenn Sie das dreimal die Woche sagen, kommen wir in einem Monat auf 26,40. Multiplizieren Sie eine wöchentlich wiederkehrende Ausgabe mit der Zahl 752 erhalten Sie ungefähr den Betrag, den Sie in 10 Jahren durch sparen und anlegen hätten erwirtschaften können. Bei monatlichen Ausgaben tun Sie das Gleiche mit der Zahl 173. Doch zurück zu unserer aufschlussreichen Aufstellung. Am Ende des Monats fassen Sie all ihre variablen Kosten zusammen. Es gibt natürlich Monate wie Dezember, an denen der Weihnachtsmann und das jährliche Konsum-Fest vor der Tür stehen, alle Jahre wieder wird hier der Geldbeutel auf ein Maximum strapaziert, sei es durch Geschenke oder das Weihnachtsmenü. In der Fahrschule lernen wir vorausschauend zu fahren, dies können wir tatsächlich auf unser gesamtes Leben anwenden. Wir feiern jedes Jahr Weihnachten, Silvester, Ostern und Geburtstage, und das sollte keine Überraschung sein. Um Unannehmlichkeiten zu vermeiden, können Sie für diese und andere Events schon vorab ein Budget festlegen.

Ihre monatlichen Ausgaben resultieren somit aus Ihren Fixkosten plus den variablen Kosten. Diese Posten sollten tatsächlich nicht zu sehr schwanken, denn das wäre dann ein klares Zeichen dafür, das Sie Ihr Verhalten neu bewerten und verändern müssen, um nicht vorzeitig Schach Matt zu gehen.

Sehen Sie sich in der glücklichen Lage, ein überdurchschnittliches Gehalt zu verdienen, nehmen wir Sie von dieser Übung nicht aus. Denn gerade Besserverdiener haben oft einen höheren Lebensstandard und dadurch höhere Ausgaben. Wenn Sie sich immer darauf verlassen, dass Sie jeden Monat sagen wir 9. 000.- Euro verdienen, und jeden Monat 10. 000.- Euro ausgeben, haben Sie in einem Jahr 12. 000.- Euro Schulden produziert. In zehn Jahren ... Sie sehen, wo die Reise hingeht.

# Am Anfang war die Sparrate

*„Reich wird man nicht durch das, was man verdient, sondern durch das, was man nicht ausgibt."*

Henry Ford

Einer der Grundpfeiler für eine gelingende Finanzstrategie ist die Sparrate oder auch Sparquote. Ziel eines jeden Monats sollte es sein mindestens 10% des Einkommens zur Seite zu legen. Je höher die Sparquote, desto besser. Falls Sie aber zu den Menschen gehören die am zwanzigsten schon dem nächsten Gehaltsscheck entgegenfiebern, oder Mitte des Monats merken, das noch viel zu viel Monat für Ihren Geldbeutel übrig ist, dann hilft erstmal eine mini Sparrate von einem Zehntel ihres Gehalts. Dieser Betrag ist reserviert, sozusagen schon ausgegeben, nur, dass er nicht für Unnötiges verschwendet wird, sondern für Sie selbst. Im Grunde genommen bezahlen Sie sich selbst, denn wenn Sie Ihr verdientes Ausgeben bezahlen Sie immer einen anderen für seine Waren oder Dienstleistungen. Das freut den anderen, aber was bleibt für Sie übrig? Sagen wir, Sie verdienen 1700.- Euro netto, dann wandern Anfang des Monats per Dauerauftrag 170.- Euro auf Ihr Sparkonto, nach einem Jahr haben Sie so 2040.- Euro gespart. Wie Sie diesen Bonus verteilen dazu später mehr.

Wenn Sie bis dato jeden Cent ausgegeben haben oder sich sogar im Horrorkabinett des Dispokredits bewegen, könnte das für Sie bereits eine Herausforderung darstellen. Sie müssen dieses Verhalten dennoch sofort abstellen. Ändern Sie Ihre Kaufgewohnheiten und drehen Sie an den richtigen Stellschrauben. Welche das sind, wissen Sie, nachdem Sie Ihre Quartalszahlen wie wir es im vorangegangenen Kapitel beschrieben haben, durchgearbeitet haben. Sehen Sie jetzt, warum es so wichtig ist, Dinge aufzuschreiben?

Wenn Sie Ihren Lebensstandard nicht herunterfahren wollen, sich diesen aber eigentlich gar nicht leisten können, (ein Indiz hierfür ist wie gesagt das Nutzen des Dispositionskredits Ihrer Bank), dann müssen Sie Ihr Gehalt steigern sei es durch einen Nebenverdienst, einer Gehaltssteigerung oder anderer Karrieremaßnahmen in- oder außerhalb Ihrer Firma. Tun Sie, was nötig ist, um mit dem Geld auszukommen, das Sie in der Tasche haben.

Zahlen Sie ausschließlich bargeldlos, werden Sie, wenn Sie keine wöchentliche Abrechnung machen, den Überblick verlieren. Wenn Geld nicht wie Geld daher kommt, sondern in Form von Plastik, auch bekannt als Kreditkarte, birgt das für manch Leichtsinnigen ebenfalls Gefahren. Einfach eine Karte zücken und bezahlen ist so einfach, Spielcasinos geben auch lieber Chips aus als Geldscheine, weil Menschen damit eben so viel unbeschwerter umgehen. Wir behaupten, dass die Abschaffung des Bargeldes nur eine Frage der Zeit ist und den Konsum zwar befeuern, die Salden der Konten jedoch zum Glühen bringen wird. Nutznießer sind hier die Finanzinstitute, denn wenn Sie den Dispo bedienen, leihen Sie sich Geld von einer Bank. Die Überziehungszinsen sind horrend und auch das Verhalten sich Geld zu leihen sollten Sie sich schnellstens abtrainieren. Schulden sind schlecht. Konsumschulden noch schlechter. Diese Glaubenssätze können Sie sich getrost einimpfen. Es gibt hier nur eine Ausnahme und selbst die ist unter Finanzprofis umstritten, das Immobiliendarlehen, dazu aber später mehr.

Ihr Ziel sollte sein, Ihre Sparrate stetig zu erhöhen, testen Sie aus was geht. Vereinen Sie Ihr gesamtes Wissen, das Sie bisher in diesem Buch erlangt haben. Werden Sie kreativ und beginnen Sie Ihre Finanzen zu verstehen, machen Sie Sparen mit Spaß zu Ihrer Maxime. Wir sprechen nicht davon sich alles zu verkneifen oder jeden Cent umzudrehen. Meist langen schon andere Ausgabegewohnheiten und eine gewisse Achtsamkeit dem Thema gegenüber, um ans Ziel zu kommen. Lassen Sie nicht alles laufen, nur weil der Geldautomat immer wieder Geld ausspuckt oder die Zahlen auf Ihrem Konto nun nicht mehr grün, sondern feuerrot sind. Sie sind der Dompteur Ihrer Finanzen nicht der Bänker.

Die Reihenfolge des Vermögensaufbaus ist ganz einfach. Sollten Konsumschulden vorhanden sein müssen Sie diese zu aller erst abbauen. Danach bauen Sie sich neben dem Konto für Ihre Fixkosten und Ihre allgemeinen Lebenshaltungskosten drei imaginäre Töpfe in Form von Konten auf. Einen Topf für Ihre Cash-Reserven, also Rücklagen, die Sie im Fall der Fälle drei bis sechs Monate über Wasser halten. Den Deckel dieses Topfes lassen Sie immer geschlossen, dieses Geld ist lediglich für Notfälle da. Wenn Sie für eine Reparatur oder dergleichen etwas entnehmen müssen, bauen Sie vor allen anderen Belangen diese Position als erste wieder auf, bevor Sie mit den anderen Töpfen weitermachen.

Ihre Nummer zwei sollte ein Budget für Investments sein. Wie Sie an späterer Stelle noch lesen werden, ist Investieren ein Muss. Denn wenn Sie Ihr Geld nur liegen lassen wird es langsam aber sicher an Wert verlieren. Gewinne aus Investments können Sie zum Beispiel für Ihre Altersvorsorge, für einen nachhaltigen Vermögensaufbau und natürlich zum Reinvestieren verwenden.

Einen weiteren Topf für Spaßausgaben, hierzu zählen wir Urlaube und Erlebnisse, ist das dritte Pferd in Ihrem Stall. Passen Sie Ihre Sparrate entsprechend Ihren Wünsche an. Falls Sie bei null anfangen, wird es natürlich eine gewisse Zeit dauern, bis alle drei Töpfe optimal befüllt sind. Wenn dies aber eines Tages der Fall ist, werden Sie erkennen, das dieses Gefühl von Sicherheit einen unermesslichen Wert darstellt.

Investieren ist besser als Konsumieren. Wichtig ist, dass Sie nicht vom Weg abkommen und Ihr Ziel immer genau im Auge behalten. Wie Sie mit Ihrem Geld und dem Ersparten umgehen, entscheiden alleine Sie, indem Sie einfach weiterlesen und die richtigen Schlüsse ziehen.

# Das gute alte Haushaltsbuch – oft unterschätzt

*„Wie viel Dinge es doch gibt, die ich nicht brauche.“*

Sokrates

Vertrauen ist gut, aber ein Haushaltsbuch führen, ist besser. Als wir uns an unsere Finanzen herantasteten kam irgendwann auch die Frage auf, wie viel Geld wir im Monat für Lebensmittel und Bedarfsartikel ausgeben. Ich dachte an meinen letzten Einkauf und versuchte, mich an die Summe zu erinnern. Zufällig hatte ich den Kassenbon noch in der Tasche, doch da viel mir ein, dass ich ja nochmal einkaufen war. Also konnte ich eine genaue Summe nicht bestimmen. Ich wollte es aber wissen und sofort war klar, ich beginne aufzuschreiben. Diese Genauigkeit mag auf den ein oder anderen erschöpfend wirken, uns jedoch kommt diese Detailverliebtheit zusätzlich im Bereich Ernährung und somit im Lebenskreis Physis, auf den wir in unserem Buch „So werden Sie VITALREICH“ ganz genau eingehen, sehr gelegen.

Da wir uns am Anfang des Monats befanden, konnte ich sofort anfangen. Mit einem Taschenrechner und meinem selbstentworfenen Haushaltsbuch ging es jeden Sonntag in mein Rechenzentrum, an unseren Schreibtisch, in die Buchhaltung.

Jetzt denken Sie vermutlich: „Oje, Listen erstellen, Taschenrechner, wie anstrengend.“ Nun, ich darf Sie trösten, heutzutage gibt es zahlreiche kostenlose Apps, Excel-Tabellen oder schon vorgedruckte Haushaltsbücher in den bekannten Schreibwarenläden, die Ihnen den größten Einsatz, nämlich das Listen erstellen abnehmen. Wenn Ihnen eine allgemeine Variante ausreicht, super. Hauptsache Sie fangen an aufzuschreiben, nur so können Sie eindeutig Ihr Kauf- ,und mit unserer Methode sogar, Ihr Essverhalten deklarieren.

Doch wer die Sparquote erhöhen will, und den Gürtel nach Plan etwas enger schnallen möchte, der wird im Budgetieren eine attraktive Methode finden.

Budgetieren ist grandios. Wenn Sie sich ein für alle Mal über Ihre monatlichen Kosten im Klaren sind und auch Ihre Wunschsparquote feststeht, ist das Budget, das Sie sich für verschiedene Bereiche Ihres Lebens setzen eine hervorragende Strategie, um alles gebacken zu kriegen. Gleichzeitig können Sie anhand des Haushaltsbuchs, wollte man das Netz mal weiterspinnen, auch gleich zwei Fliegen mit einer Klappe schlagen. Falls Sie Ihre Ernährung anpassen möchten, und da bin ich mir sicher nach der Lektüre dieses Buches werden Sie das mit großer Sicherheit tun, bekommen Sie nicht nur einen Pluspunkt im Aspekt Sparen, sondern auch noch den vollen Benefit für Ihren Körper. Sie können anhand der Aufstellung erkennen bei welchen Makronährstoffen (Kohlenhydrate, Proteine, Fette) es bei Ihnen hakt.

Wollen Sie eine gewisse Summe X einsparen, sollten Sie sich, nachdem Sie die großen Ausgaben in Ihren Quartalszahlen bereits ins Auge gefast haben, nun um die kleineren Posten Ihres Haushaltsbuches kümmern. Nehmen Sie Ihre Notizen zur Hand und prüfen, in welchen Bereichen Sie bereit wären, die rationale Lupe auszupacken. Diese Posten könnten sein: Ihr Handyvertrag, Abos, Drogerieartikel, Lebensmittel, etc. Bitte erschrecken Sie nicht gleich, Sie müssen sich nicht alles vom Mund absparen, bei all den oben genannten Punkten geht es um Verhaltensanpassungen, die sich meistens nicht nur auf Ihr Wohlbefinden, sondern eben auch auf Ihren Geldbeutel nachhaltig positiv auswirken und die Sie sich sozusagen er-sparen. Die meisten der genannten Gewohnheiten sind selbsterklärend und können durch ein wenig wirtschaften und dem Level Ihrer Achtsamkeit mit Genuss Ihr Sparschwein füttern.

Sie werden sich jetzt bestimmt fragen wie und an welchen Lebensmitteln Sie sparen sollten. Nun, das ist die gute Nachricht, im besten Fall erstmal an gar keinen. Das große Geheimnis lautet Warenauswahl. Bestimmt haben Sie ein bis zwei bevorzugte Läden in Ihrer Nachbarschaft, die Sie regelmäßig für Ihren Einkauf frequentieren, dort finden sich überall reduzierte Markenprodukte als eine Art Lockangebot. Auf Fertigprodukte sollten Sie allerdings generell verzichten. Bei der Sparte Obst und Gemüse kann ich Ihnen nur den Hinweis geben saisonal und regional zu kaufen. Convenience Produkte und verpackte stark verarbeitete Lebensmittel sind vielleicht auf den ersten Blick praktisch, aber qualitativ und rechnerisch, den Umwelt Gedanken absichtlich ausgeklammert, um die Stimmung nicht komplett in den Keller sacken zu lassen, eine absolute Bauchlandung. Frisch zubereitete Mahlzeiten sind sowohl in der Menge, der Qualität und dem Preis einem Fertiggericht immer überlegen.

Impulskäufe können Sie einfach umgehen, indem Sie eine Essensliste für die Woche aufstellen. Gehen wir heute in einen Supermarkt, befinden wir uns in der luxuriösen Lage, vor reichlich gefüllten Regalen zu stehen. Meine Großmutter erzählte, dass sie damals losging und manchmal gar nicht wusste, womit sie nach Hause kommen würde. Denken Sie daran, jedes Mal, wenn wir einen Laden betreten können wir aus den Vollen schöpfen.

## Grundregel: Mehr einnehmen als ausgeben!

*„Wer gut wirtschaften will, sollte nur die Hälfte seiner Einnahmen ausgeben, wenn er reich werden will, sogar nur ein Drittel.“*

Sir Francis Bacon

Wie schon eindringlich thematisiert, gibt es für eine gelingende finanzielle Basis eine alles bestimmende Grundregel: Nehmen Sie mehr ein als Sie ausgeben. Oder mit den Worten meines Großvaters: „Man kann Geld nur einmal ausgeben, wenn keins mehr vorhanden ist, kann man keins mehr ausgeben. Punkt.“ Es ist eine ganz simple Milchmädchenrechnung.

Wenn Sie nicht genug Geld auf dem Konto oder in Ihrem Geldbeutel haben, können Sie sich die Reise, das neueste

Smartphone oder lassen Sie es den Kinobesuch sein einfach nicht leisten. Punkt Ende. Sie müssen verstehen, nur wenn Sie mehr Einnehmen als Sie Ausgeben verschafft Ihnen das die Sicherheit, dass Sie sich mit Ihren Ausgaben nicht zu sehr aus dem Fenster lehnen oder Ihre letzten Reserven aufbrauchen. Es geht nicht darum, Ihnen zu sagen, dass Sie zu wenig verdienen, oder dass Sie es nicht wert sind schöne Dinge zu besitzen. Wir möchten lediglich im Kontrast hierzu aufzeigen, dass das bisherige Verhalten vieler Menschen vielleicht impulsiv, unüberlegt oder aus Gewohnheit passiert, weil sie einfach nicht bewusst hinterfragen, welche Konsequenzen ihr Handeln in der Zukunft haben könnte.

Im Gegensatz zu meinem Mann bin auch ich kein Unschuldslamm und kann das eine oder andere unrühmliche Finanzdebakel, das ich mit einer ordentlichen Portion Lehrgeld bezahlt habe auf meinem Jungendsündenkonto verbuchen. Ich weiß also, wovon ich spreche. Nachdem ich mein erstes Konto eröffnete und mir die Shoppingwelt damit offen stand, kannte ich lange Zeit keine Grenzen. Bis ich eines Tages einen Anruf von Frau Barth, meiner Bankberaterin bekam, die mir eröffnete, dass wir uns, da mein Überziehungskredit bis auf den letzten Cent ausgereizt war, zu einem Gespräch in der Bank treffen müssten. Mit gesenktem Haupt dackelte ich zu dem vereinbarten Termin und ahnte schon, was bevorstand. Ich fühlte mich, wie ein kleines Kind das von der Mama einen Anpfiff kassieren würde. Nun ja, geschimpft wurde dort nicht, aber ich hatte mit 19 Jahren fast 10.000 Mark Schulden und die musste ich dann 3 Jahre lang mit einem riesen Zins abstottern. Natürlich habe ich damals immer ehrfürchtig meinen

Kontoauszug beobachtet, wie die roten Zahlen immer größer wurden, doch sie wurden eben größer und da mich niemand rechtzeitig zurückgepfiffen hatte, musste ich das zu Recht nun auch selbst ausbaden. Von nun an gab es keinen Überziehungskredit mehr, es wurde nur noch gekauft, was die Zahlen auf dem Konto hergaben, wenn ich etwas wollte, musste ich warten, bis die Habenseite den Daumen deutlich nach oben zeigte. Diese drei Jahre waren eine Art Ausbildung in Sparsamkeit und Geduld. Seither war ich nie mehr einen Pfennig oder Cent im Dispo, weil ich verstand, dass mich das mehr kostet, als das es nutzt.

Das war der Startschuss, bei dem ich verstand, dass es so nicht mehr weitergehen kann und ich meine Finanzen endlich selbst in die Hand nehmen muss, wenn ich sie tiefer durchblicken möchte. Ab da wurde alles, was ich zu diesem Thema finden konnte, regelrecht aufgesaugt und umfassend durchdacht. Ob Online-Kurse, Bücher oder der Austausch mit den klügsten Köpfen auf diesem Gebiet, mir war alles willkommen. In puncto allgemeine Ausgaben wurde ich immer sparsamer, doch bei dem Thema finanzielle Bildung ging ich All-In und investierte immer mehr. Und siehe da, heute bin ich Bulletproof.

Manchmal braucht es einfach ein solches Aha-Erlebnis, in meinem Fall einen ordentlichen Tritt in den Hintern, um die richtigen Schlüsse und Lehren zu ziehen. Wir möchten Sie jedoch vor dieser Situation bewahren. Deshalb haben wir für Sie ein „Win and Learn“ Szenario ins Auge gefasst.

Nun also zum praktischen Teil. Sie haben Ihre Finanzen nach der Lektüre der letzten Kapitel also komplett in alle Einzelteile zerlegt, wissen Bescheid über Soll und Haben, verstehen alle Finanzprodukte die Sie zur Geldbildung besitzen und haben sich zum Zweck der Fortbildung weiterführende Literatur und zusätzliches Wissen einverleibt und studiert. Ihre Begeisterung für das Thema wird insofern wachsen, da Sie schon bald mit lukrativen Antworten und Ergebnissen belohnt werden. Sobald Sie die vorangegangenen Schritte aus den vorherigen Kapiteln berücksichtigt und ausgeführt haben, können Sie den berühmten Blick in die Zukunft wagen. Dies hat nichts mit einer Glaskugel oder anderen okkulten Praktiken zu tun, vielmehr ist es ein zielsicherer Weg, den Sie gehen und selbst gestalten werden. Bei Ihren Finanzen müssen Sie jegliche Emotionalität ausblenden, und die Rationalität an vorderste Stelle schieben. Rational bedeutet in diesem Zusammenhang analytisch, fundiert, abwägend und gut begründet.

Studieren Sie dieses Buch akribisch. Machen Sie sich Notizen und kommen Sie sofort in die Umsetzung, damit Sie nicht Wohlstands-Loser, sondern Wohlstands-Profi werden und im weiteren Verlauf Meisterschaft in diesem Bereich erlangen.

Wie Sie es schaffen mehr einzunehmen, als bisher, zeigen wir Ihnen, indem wir uns jetzt um Ihr wertvollstes Asset kümmern, das Humankapital.

# Humankapital – Ihr Ass im Ärmel

*"Eine Investition in Wissen bringt noch immer die besten Zinsen."*

Benjamin Franklin

Viele Menschen sind sportbegeistert. Sie haben eine Lieblingsmannschaft, einen Lieblingsverein. Sie kennen jeden Spieler, alle Trainer und was sonst so wichtig und gut wäre für den Verein. Sie tauschen sich regelmäßig mit Freunden und Kollegen aus und lesen entsprechende Artikel, um noch besser im Bilde zu sein und auch wirklich überall mitreden zu können. Wir fragen Sie: Tun Sie das Gleiche für Ihren eigenen „Verein“, Ihre Karriere, Ihren Wohlstand, Ihr Humankapital?

Unsere Arbeitskraft, die Mühe und Sorgfalt die wir tagtäglich für unsere Weiterbildung aufbringen, aber auch das breite Spektrum an Fähigkeiten, das wir in einem Unternehmen einsetzen, nennt man Humankapital. Ein fundamentaler Motor, dessen Potenzial sowohl von Arbeitnehmer- als auch Arbeitgeber Seite oft unterschätzt oder gar nicht wahrgenommen wird.

Welcher Geldfluss strömt Monat für Monat auf Ihr Konto, zahlt alle Ihre Rechnungen und darf nicht zum Erliegen kommen? Richtig. Ihr Monatsgehalt! Erwirtschaftet durch Ihren Einsatz und Ihre Kraft. Deshalb ist das Humankapital der wertvollste Vermögenswert, die Basis, auf der all unsere Investitionen aufgebaut sind. Denken Sie bitte das nächste Mal, wenn Sie über ihren Arbeitgeber oder gar über Ihre Kunden schimpfen daran, dass diese Menschen für Ihren regelmäßigen Geldstrom sorgen. Ohne Geld funktioniert unser normales System nicht, wir würden zurückversetzt in Zeiten, als man Waren und Dienstleistungen noch tauschen musste.

Den Wert, den Sie haben, zeigt das folgende Beispiel. Berechnen Sie kurz wie viel Sie mit Ihrer derzeitigen Arbeit, ab dem jetzigen Zeitpunkt, bis zu dem Zeitpunkt an dem Sie voraussichtlich aufhören werden zu arbeiten, erwirtschaften. Nehmen wir an ein junger Mann 25 verdient heute 2000.- Euro und hört mit 65 auf zu arbeiten. Gehen wir von einer Gehaltssteigerung von 2% pro Jahr und einer geschätzten Inflationsrate von 1,84% aus, so wird er in den 40 Jahren 1.449.648 Euro erwirtschaften. Hätten Sie das gedacht? Und das ist nur die Summe ohne eventuelle weitere Einkünfte. Spielen Sie doch mal selbst mit den einzelnen Werten herum und machen sich klar, wie kostbar Sie sind.

Angestellte sollten bitte nicht vergessen, dass Sie zu einem gewissen Grad von Ihrem Arbeitgeber abhängig sind. Beiße niemals die Hand, die dich füttert. Lebenszeit wird gegen Geld getauscht und für dieses Geld wird ein gewisses Maß an Leistung, aber auch Loyalität erwartet. Ihr Chef darf also Ergebnisse einfordern. Aber auch Sie sollten bestrebt sein, so viel wie möglich zu bieten, um für Ihren Chef einen attraktiven Mehrwert zu schaffen um dafür von ihm wiederum mehr Geld fordern zu können. Sie sehen, auch hier wird Handel betrieben oder nennen wir es besser Transaktion.

Vergleichen wir kurz die Chancen und Optionen eines Chefs und eines Mitarbeiters. Ein Unternehmer oder Selbständiger hat im Wesentlichen die Möglichkeit, seine Einnahmen exponentiell zu skalieren, trägt aber auch ein höheres Maß an Risiko und Verantwortung für sich und seine Mitarbeiter. In den meisten Fällen wird hier nach bestem Wissen und Gewissen gehandelt, denn auch Ihr Vorgesetzter hätte nichts davon das Unternehmen an die Wand zu fahren. Als Angestellter sind Sie, von den Entscheidungen die Ihr Vorgesetzter trifft abhängig, Sie selbst jedoch tragen kaum Verantwortung. In Eigenregie wären Sie für Ihr Business selbst verantwortlich. Sie sehen auch hier gibt es wieder zwei Seiten der Medaille.

Ihr Humankapital, sollten Sie pflegen, wo es nur geht. An erster Stelle steht Ihre Gesundheit, sowohl auf der physischen als auch auf der mentalen Ebene.

Haben Sie dort noch Potenzial, sollten Sie alles daran setzen, in diesem Bereich zu wachsen oder ihn zu korrigieren. Keine Angst, Korrektur muss kein Verbiegen sein. Sie tun dies immer für Ihr gesamtes Wachstum aber auch im Hinblick auf Ihr Humankapital. Bei nichts anderem kann man so viel Rendite erwarten, wie bei dem Investieren in sich selbst.

Wenn Sie nicht fit sind, Ihr Körper also aus dem Lot gerät, können Sie nicht arbeiten. Können Sie nicht arbeiten wird Ihr Lohn gekürzt und sollte es zu einer längeren Arbeitsunfähigkeit kommen, verlieren Sie über kurz oder lang Ihren Job. Wenn Sie mental nicht stark genug sind, um mit Leichtigkeit Ihren Job zu stemmen, werden Sie früher oder später auch nicht mehr das leisten können, was von Ihnen verlangt wird. Der Weg zur Arbeit wird eine

Herausforderung, nicht zu sprechen vom Arbeitspensum an sich.

Die oberste Prämisse sollte die Wertschätzung sein. Im Idealfall führen Sie eine Arbeit aus, mit der Sie sich gut identifizieren können und die Ihnen Freude bereitet. Königsdisziplin hier wäre, Sie machen Ihr Hobby zum Beruf. Kurz runtergebrochen, Sie verdienen durch Spaß Geld. Falls Sie Ihren Beruf jedoch nur zur täglichen Geldgewinnung ausüben, spricht hier auch nichts dagegen, das ist dann eben ein Geldstrom-Job. Es ist an Ihnen was Sie daraus machen. Ihre Arbeit ist dann eben, was sie ist, sie bringt täglich Ihre Brötchen auf den Tisch. Behandeln Sie sie also gut, denn wer möchte schon hungrig an einem leeren Tisch sitzen. Und werfen Sie nicht zu voreilig alles über Bord. Wie bei allen anderen Dingen auch, ist immer Ihr Durchhaltevermögen gefragt. Nur wer aufgibt, hat verloren. Entschlossenheit hat nichts mit Verbissenheit zu tun. Weitermachen und das Ziel nicht aus den Augen verlieren, ist manchmal der notwendige Schritt, der uns auf den sicheren Weg des Erfolgs führt.

Sind Sie erst seit kurzem unzufrieden oder haben neue Kollegen, an die Sie sich erst mal gewöhnen müssen? Dann suchen Sie immer erst das Gespräch oder andere Lösungsmöglichkeiten bevor Sie übereilt die Reißleine ziehen, um nicht wie ein Wanderpokal von einem Arbeitgeber zum nächsten zu springen. Heutzutage wird immer wieder suggeriert, dass es in einer Vita sehr gut aussieht, wenn man schon viel Erfahrung gesammelt hat. Ja, das ist richtig. Es zählt allerdings die freiwillige Erfahrung und nicht das Jobhopping aus Unzufriedenheit. Arbeiten Sie also auch an Ihrer Einstellung und sein Sie nicht der

Miesepeter, der kategorisch alles ablehnt. Machen Sie ein Gedankenspiel und betrachten Sie sich aus der Perspektive Ihres Chefs oder der Kollegin die Sie nicht leiden können. Verstehen Sie jetzt vielleicht, warum man sich Ihnen gegenüber so verhält? Urteile nie über einen anderen, wenn Du nicht mindestens einen Mond lang in seinen Mokassins gegangen bist, heißt das passende Sprichwort der Indianer Nordamerikas hierzu.

Machen Sie sich und anderen das Leben leicht, indem Sie die Regeln, solange diese sich im Rahmen und für Sie vertretbar sind, einhalten. Eine penetrant konsequente Anti-Haltung zu haben und trotzdem dortzubleiben, wo man ist, ohne Konsequenzen zu ziehen ist sowohl für sich selbst als auch für das Unternehmen in dem Sie arbeiten schädlich.

Sind Sie allerdings nicht im Stande den Zustand in Ihrem Betrieb über einen längeren Zeitraum zu akzeptieren und werden täglich gefrusteter, sollten Sie etwas ändern. Wir sind in der glücklichen Lage, uns in unserem wattegepackten System jederzeit umorientieren zu können. Warum also über Jahre mies gelaunt und mit schlechter Qualität einer Arbeit nachgehen, die uns nicht passt. Es ist unsere Entscheidung. Selbst wenn man Pech hat und arbeitslos wird, landet man nicht gleich auf der Straße. Das ist in vielen anderen Ländern der Erde nicht möglich, dort gibt es kein Auffangbecken.

Vor allem das Thema Geld ruft bei vielen Menschen Neid hervor. Dieses Wort findet im englischen Sprachgebrauch nur selten Verwendung und wenn dann eher zaghaft. Dies spiegelt auch die Lebensweise der Menschen im angelsächsischen Raum wider, der Neid wird zwar im

Englischen mit „envy“ übersetzt, gebraucht wird er aber kaum. Anstatt sich gepusht zu fühlen, wenn der Kollege eine Gehaltserhöhung bekommt, jammern viele nur über die vermeintliche Ungerechtigkeit. Eines muss Ihnen klar sein, durch Ihr ewiges Lamentieren werden Sie nicht mehr verdienen. Sie sollten sich besser fragen, wie Sie ebenfalls dort hinkommen, wo die vermeintlich besser gestellte Person heute ist. Was macht er oder sie anders? Hat er mehr Qualifikation? Ist sie fleißiger? Ist er ein geschickter Verhandler? Glaubenssätze wie: „Der hatte doch nur Glück“ oder „Wer weiß, mit welchen dubiosen Mitteln, die den Posten bekam“ streichen Sie bitte sofort aus Ihrem Kopf. Sie sind kein Richter und nicht die Polizei. Konzentrieren Sie sich lieber auf die Fähigkeiten die Ihre Kollegen auszeichnet anstatt diese missgünstig mit uninformierten Äußerungen abzukanzeln.

Begrüßen Sie die Erfolge Ihrer Mitmenschen genauso begeistert wie Ihre eigenen. Nur wer sich von dem Erfolg anderer inspirieren lässt und sich mit ihnen aufrichtig darüber freuen kann, wird zu innerer Freiheit gelangen und nicht wie ein angeketteter Neider innerlich verkümmern.

Bilden Sie sich weiter, egal ob Sie einen Traumjob oder Geldstrom-Job ausüben, investieren Sie in sich. Durch Seminare, Kurse, Weiterbildungen, aber auch schon das lesen von Sachbüchern sowie Biographien, lässt Sie neue Impulse gewinnen, die Ihnen zu einem kurzfristig tieferen Blick in die Materie verhelfen und langfristig Ideen und Gehaltssteigerungen mit sich bringen. Schauen Sie sich kurz an dem Ort, an dem Sie sich gerade befinden, um. Jeder Gegenstand, jedes Objekt von der Kaffeetasse über Ihre Hose, bis hin zum Türgriff, waren allesamt Ideen, die

Menschen aus Überzeugung in die Tat umsetzten. Maria Telkes, ungarisch-US-amerikanische Biophysikerin, versuchte die Sonnenenergie zu nutzen und erfand 1948 das erste „Solar House". Auch sie begann mit einer Idee, die schließlich zur Realität wurde.

Vielleicht lernen Sie eine neue Sprache oder eine neue Fertigkeit, die in Ihrer Firma mit einem höheren Gehalt oder Posten belohnt wird. Oder Ihre neue Expertise verschafft Ihnen einen derartigen Boost, dass Sie es endlich wagen eine freiberufliche oder selbständige Tätigkeit anzustreben. Wachsen Sie in Ihren Traumberuf hinein.

Finanzielle Unabhängigkeit erkaufen Sie sich durch die Höhe Ihres Einkommens. Beläuft sich Ihr Jahreseinkommen auf 25.000 Euro, so haben Sie bestimmt mehr Mühe, einen größeren Betrag aus dieser Summe zu extrahieren und für Investitionen, Sparraten etc. beiseitezulegen, als würde sich Ihr Einkommen auf 300.000 Euro per annum belaufen. Voraussetzung hierfür ist natürlich auch, dass Sie Ihren Lebensstil beibehalten und nicht der Einkunft anpassen. Steigen Sie mit höherem Gehalt in immer größere Autos ein, so verpufft Ihr gut verdientes Geld schneller als der Sprit im Tank Ihres leistungsstarken Sportwagens.

Um dauerhaft Vermögen aufzubauen und Ihren Lebensstandard zu wahren ist ein sorgfältiger Umgang mit Ihrem Humankapital unumgänglich. Sie können noch so viel an sich oder Ihrer Karriere feilen, wenn Sie wichtige Punkte wie Wissen, Empathie und Ausstrahlung unter den Tisch fallen lassen, wird es einfach nur schwieriger für Kunden, Kollegen, Vorgesetzte und Sie selbst. Ihre Einstellung, Ihre Bereitschaft zur Weiterbildung, und der Umgang mit Ihren

Ressourcen sind ausschlaggebend für den Wert der Arbeit den Sie erwirtschaften werden. Wir sehen den Begriff des Humankapitals nicht nur als Vokabel aus dem Wirtschaftslexikon, nein, Humankapital verhilft zu mehr Wohlstand.

Haben Sie schon einmal mit dem Gedanken gespielt Teilzeit zu arbeiten, wenn nicht, sollten Sie das sofort tun. Jetzt werden Sie denken Moment, weniger Arbeit, weniger Geld, mehr investieren in meine Bildung, wie soll das denn gehen?

Denken Sie sich in Folgendes hinein: Sie haben einen Geldstrom-Job, sagen wir, Sie haben einen klassischen Bürojob. In Ihrer Freizeit fahren Sie für Ihr Leben gerne Fahrrad. Bei Wind und Wetter, komme was wolle, Sie nutzen jede freie Minute, um sich auf den Drahtesel zu schwingen. Das Leben hält immer Gelegenheiten parat, die einem Zufliegen aber wenn wir nicht zupacken auch schnell an einem vorbeifliegen. Sie könnten also eine Teilzeit-Stelle im Büro beantragen und um den Betrag der Ihnen durch die Teilzeit wegfällt aufzustocken als Fahrradkurier oder in einer kleinen Fahrradwerkstatt arbeiten oder sogar eine eigene eröffnen. Ihrer Fantasie sind keine Grenzen gesetzt. Bauen Sie sich ein Einkommenssystem, dass nicht nur aus einer Quelle schöpft. Natürlich, Sie müssten sich weiterbilden, aber ist es Ihnen das nicht wert? Dies war nur ein spontanes Gedankenspiel, ist aber durchaus auf jeden Menschen anwendbar. Wir alle haben verschiedene Talente, es ist wie ein Puzzle, dessen Teile Sie richtig zusammenfügen, um ein stimmiges Bild zu erhalten. Es gibt „Sidepreneurs“, die aus allen Hobbys eine Nebeneinkunft machen. Erlauben Sie sich einmal im Quartal ein 30 Minuten Brainstorming. Wie können Sie Ihre Einkommensquellen vergrößern? Welche neuen oder alten Finanzströme können Sie ausbauen? Sie werden sehen, diese halbe Stunde wird mehr freie Zeit, durch mehr Verdienst generieren als Sie es sich je vorzustellen gewagt haben.

Unterschiedliche Interessen sind der Schlüssel für die besten Deals. Kreativität und die digitale Welt ermöglichen uns sogar das Arbeiten aus jedem versteckten Winkel der Welt. Digitale Nomaden brauchen keinen festen Standort, sie sind ortsunabhängig, alles, was sie brauchen, ist ein Internetanschluss und voilà.

Nicht wenige Finanzblogger haben Ihre gut bürgerliche Tätigkeit in großen Kanzleien und Banken an den Nagel gehängt, sind erfolgreich ausgewandert und verdienen heute mit ihrer wahren Passion mehr Geld als damals. Sie sind zum Beispiel Autoren, Berater, Blogger, Youtuber und Unternehmer zugleich. Allesamt Tätigkeiten, die ihnen Spaß machen und gleichzeitig gutes Geld in die Taschen spült. Wer Spaß an der Arbeit hat, wird keinen Tag seines Lebens mehr arbeiten und die eigenen Einkünfte mit Leichtigkeit steigern. Mehr Verdienst führt zu mehr Investitionen, führt zu mehr Rücklagen und führt schließlich zu mehr Freiheit. Das geht natürlich nicht von 0 auf 100. Meist langt aber schon ein kleiner Nudge in die richtige Richtung, um Ihr Leben vom Kopf ganz einfach auf den Fuß zu stellen.

# Investieren ist ein Muss – Liegenlassen ist auch keine Lösung

*„Der intelligente Investor ist ein Realist, der an Optimisten verkauft und von Pessimisten kauft.“*

Benjamin Graham

In vielen Ländern gehört es zum guten Ton an der Börse investiert zu sein, doch bei uns wird man eher als Exot angesehen, wenn man ein paar Aktien in einem Depot hält. Auch in meiner Familie wurde das Thema nie besprochen, da sich meine Eltern mit Aktien und Börse einfach nie auseinandergesetzt haben. So wie viele andere Menschen auch unterliegen vermutlich auch Sie der Meinung „die Börsenhaie wollen nur mein Geld“, oder „Aktien sind nichts für mich“. Einige von Ihnen sind oder waren vielleicht zufällig bei der Post oder Telekom investiert. Stolz erzählte eine Bekannte, dass Sie immer noch im Besitz der Aktie Gelb sei, mit diesem schlauen Slogan wurde damals die Deutsche Post Aktie salonfähig. Über den Sinn einer Langzeitanlage in eine Einzelaktie und das damit verbundene Klumpenrisiko lässt sich je nach Strategie streiten. Wir werden im späteren Teil noch einmal darauf eingehen, warum Investments immer gestreut werden sollten.

Um Ihnen die Scheu vor der Börse zu nehmen, müssen Sie verstehen, dass es sich um einen Markt handelt, an dem verschiedene Wertpapiere, Devisen und Rohstoffe, gehandelt werden. Sie können langfristig passiv eine

Buy-and-Hold-Strategie verfolgen oder eine kurzfristige aktive Strategie. Möchten Sie Ihre Finanzen langfristig aufpeppen, ist das Teilnehmen am Börsengeschehen unumgänglich.

Ihre Toleranzgrenze, was Verluste angeht, muss vorab klar definiert sein. Fragen Sie sich immer, ob Ihre finanzielle Situation einen Totalverlust Ihrer Investmentsumme aushalten würde. Um Ihre Toleranzgrenze zu kennen, und mit dieser dann arbeiten zu können sollten Sie also vor einer Investition Ihre Risikobereitschaft einschätzen, so gefährden Sie nicht Ihren unentbehrlichen, wohltuenden Nachtschlaf und bekommen auch nicht bei jeder kleinen Kursbewegung Schnappatmung. Ankern Sie Ihren Schmerz-Prozentsatz und bleiben Sie eher ein bisschen darunter. Verlustschmerz tendiert dazu, in Real-Life mehr zu beißen als vermutet. Die hohe Volatilität von Small Caps oder Kryptowährungen muss man aushalten können oder eben zu einer „ruhigeren" Anlage wechseln.

Nicht nur für Einsteiger empfiehlt sich deshalb eine passive Strategie, also investieren in ETFs die man mit einem Anlagehorizont von mindestens 15-20 Jahren hält, nach obenhin ist keine Grenze gesetzt. Unser guter Freund Mr. Zinseszins kommt erst weit nach 20 Jahren so richtig ins Rollen. Zu den genauen Börsenstrategien kommen wir dann im nächsten Kapitel.

Hier geht es in erster Linie darum Sie über die Chancen und Risiken aufzuklären und Ihnen die Angst vor der Börse zu nehmen. Aber warum haben Menschen eigentlich Angst vor Wertpapieren? Gerade bei angehenden Neuinvestoren läuten schnell die Alarmglocken, wenn Sie von ihrem Umfeld auf die beiden Ereignisse der Dotcom-Blase aus dem Jahr 2000 und der Weltfinanzkrise 2008 aufmerksam gemacht werden. Welches Argument jedoch bei dem vielen Halbwissen, das verbreitet wird, keine Beachtung findet, ist, dass es auch damals wie in allen Krisen, durch Crashs und Korrekturen immer auch Gewinner gab. Tatsächlich gibt es Privatanleger, die damals clevere Investmententscheidungen getroffen haben und sich so über die Jahre ein stattliches Portfolio aufgebaut haben. Dies geschah allerdings nicht auf Grund der Tipps, die manche Bankberater oder Analysten in zeitlichen Abständen streuten. Wie in allen Bereichen des Lebens führt nur das stetige Vertiefen und Arbeiten an Themen zu Wachstum. Es ist also unumgänglich, sich vor den ersten Schritten an der Börse zu informieren und Kennzahlen, Geschäftsberichte und Geschäftsmodelle zu analysieren um wenigstens zu verstehen, woran man sich beteiligt.

Wenn Ihnen das Konzept oder die Vorgehensweise eines Unternehmens widerstrebt oder Sie es nicht verstehen, investieren Sie nicht.

Eine weitere einfache Regel ist keine Mittel zu verwenden, die Sie zu einem festen Zeitpunkt brauchen. Haben Sie 10. 000.- Euro für die Anzahlung einer neuen Küche, die Sie in 8 Monaten kaufen möchten, zur Seite gelegt, bleibt dieses Geld unberührt, da Sie nie auf einen Kursanstieg spekulieren sollten. Und bitte nehmen Sie niemals, wirklich niemals einen Kredit für Investitionen in Börsengeschäfte auf, weil dieser gerade so günstig ist, die Märkte gerade den Boden erreicht haben und alle Welt denkt, dass es genauso schnell wieder nach oben geht. Der japanische Leitindex Nikkei befindet sich seit 1990 mehr oder weniger in einer nun schon über 30 Jahre andauernden Talfahrt. Ein weiterer Grund, nicht nur in ein Land zu investieren.

Legen Sie nicht alle Eier in einen Korb. Dies ist ein weiterer Hinweis, den Sie unbedingt beherzigen sollten. Diversifizieren sollte einen großen Stellenwert bei Ihrer Investment-Strategie einnehmen. Wer gut streut, rutscht nicht aus. Und gerade weil dieses Vorgehen so wichtig ist, gehen wir in der Ausführung über die Assetklassen später noch einmal genauer darauf ein. Investieren Sie all Ihr Geld in ein Unternehmen und es geht irgendetwas schief, könnte es halbiert oder gar komplett verloren sein. Teilen Sie die Investitionssumme auf, so gehen Sie ein geringeres Risiko ein, alle Eier zu verlieren, falls Sie stolpern.

Ein Phänomen das sich selbst langjährige Börsenteilnehmer und Aktienbesitzer gleichermaßen teilen ist die ewige Furcht vor dem nächsten „schwarzen Schwan“. Pünktlich wie die Kirchturmuhr prophezeien Jahr ein Jahr aus Analysten, Crashpropheten und solche die es werden wollen den nächsten großen Kursrutsch voraus. Doch fürchten muss man ihn nur, wenn man die Verluste realisiert, wenn wir also Teile des Depots oder einzelne Position auflösen. Belassen wir unsere Wertpapiere auch in rotem Zustand auf dem Konto, so ist die Anzeige erstmal auf rot, das gilt es auszuhalten. Der letzte Satz ist natürlich äußerst pauschal gesprochen, wie man anhand der Wirecard Insolvenz 2020 sehen konnte. Das war kein Rücksetzer, sondern eine sich lange andeutende Pleite, die viele Anleger nicht wahrhaben wollten. Ihr Depot und alle anderen Investitionen sollten Sie deshalb immer im Auge behalten und in regelmäßigen Abständen bewerten indem

Sie Geschäfts- und Quartalsberichte lesen und immer wieder aufs Neue prüfen.

Leider verliert man durch die Größe der Zahlen, die auf dem Finanzmarkt herumjongliert werden ganz leicht den Bezug zur Realität. Um Ihnen kurz den gefühlten Unterschied zwischen einer Million und einer Milliarde aufzuzeigen, hier ein banales Beispiel. Legen wir eine Million in Sekunden um erhalten wir 11 Tage. Tun wir dasselbe mit einer Milliarde Sekunden, ergibt das über 31 Jahre. Alleine das sollte Ihnen schon deutlich machen, mit welchen Summen herumhantiert wird.

Ob Sie die Investition, also Ihren Glauben, weiterhin in ein bestimmtes Unternehmen setzen, ist eine Frage, der Sie auf den Grund gehen müssen. Wenn Ihnen das zu viel Arbeit ist, sind Sie einfach nicht für Aktien gemacht. In diesem Fall sollten Sie passive Investments in ETFs oder Fonds vorziehen. Achten Sie hier aber genauso wie überall sonst auch, immer auf die Gebühren und Kosten der einzelnen Produkte. Weitere Vor- und Nachteile erläuterten wir an anderer Stelle in diesem Kapitel.

Und tatsächlich sollte man sich die Szenarien eines Bärenmarktes, immer wieder vor Augen führen damit man vom freien Fall nicht überrascht wird und die richtigen Schritte und Entscheidungen für einen zukünftigen Vermögensaufbau treffen kann. Die Weichen für die größten Gewinne werden schlussendlich im Crash gestellt. Stehen die Wertpapiere tief, hätten Sie jetzt die Chance shoppen zu gehen, vorausgesetzt Sie haben genügend C(r)ashreserven. Natürlich nicht kopflos, ohne nachzudenken, denn nicht jedes Angebot ist ein Gutes. Die Börse wird sich von Zeit zu Zeit immer wieder bereinigen, verschließen Sie also nicht die Augen. Kurseinbrüche kommen und gehen, entscheidend ist, wie Sie damit umgehen.

Ein Bereich der Finanzpsychologie der sich mit dieser Thematik beschäftigt ist die Börsenpsychologie. Menschen fürchten Verluste mehr, als das Sie Gewinne begrüßen, dies ist nur eine Erklärung des Psychologen und Nobelpreisträgers Daniel Kahnemann. In seinem Buch „Schnelles denken, langsames denken“ beschäftigt er sich mit seinen Erkenntnissen der Prospect-Theory (oder Neue Erwartungstheorie).

Menschen sind Risikoavers, deshalb ist es für viele ein besseres Geschäft ihr Erspartes auf einem Tagesgeldkonto anzulegen, wo man garantiert die Mickrige 0,1 % Verzinsung erhält als dieselbe Summe an der Börse für mögliche 4 – X % anzulegen, denn eine Garantie bekommen Sie an der Börse nicht. Ja, man könnte das Geld komplett verlieren, jedoch ist diese Bedrohung eher weniger wahrscheinlich, sofern man sich an eine passive Standardstrategie beispielsweise mit Dividendenaristokraten, also Unternehmen, die über einen Zeitraum von mindestens 25 Jahren ihre Dividendenausschüttung kontinuierlich erhöhen konnten oder an große etablierte Unternehmen hält. Trennen Sie sich von dem Gedanken den nächsten Tenbagger zu entdecken. Wenn Sie sich an solchen Zockereien beteiligen möchten, dann nur mit einer kleinen Summe, die Sie als Spielgeld betrachten. Denn Sie wissen ja, auf 50% Verlust müssen 100% Gewinn folgen, um wieder auf null rauszukommen.

Investitionen an der Börse verhalten sich wie das Wetter, mal scheint die Sonne, mal regnet es, mal herrschen

Stürme. Was Sie genau wie bei unserem Wetter verstehen müssen, der Verlauf ist nie für immer, es gibt verschiedene Jahreszeiten mit Schlechtwetterlagen (Bärenmarkt) und Hochdruckgebieten (Bullenmarkt), diese gilt es auszuhalten und anzunehmen. What goes up must come down. Die märchenhafte Vorstellung von schnellem unermesslichem Reichtum werfen Sie bitte sofort über Bord, denn schon Benjamin Graham, der Godfather der Wertpapieranalyse wusste: „Geduld ist die oberste Tugend des Investors".

Sagt ihnen die Regression zur Mitte aus der Statistik etwas? Betrachten wir die Kursentwicklung und die durchschnittliche Rendite einer Anlage über einen längeren Zeitraum, so erkennt man den wellenförmigen Verlauf. Die Rendite pendelt also immer um den mittleren Durchschnitt. Ein Aktienkurs wird nie beständig linear oder gar exponentiell nach oben steigen. Es gibt Bullenmärkte, in diesen Zeiten boomt es. Und es gibt Bärenmärkte mit fallenden Kursen. Mal zeigen die Kursspitzen steil nach oben, mal nach unten. Doch was nach oben katapultiert wird, kommt meist auch wieder hinunter, mit welcher Wucht weiß niemand. Kurse tasten sich nach einer gewissen Zeit immer wieder an den Mittelwert heran, dies nennt man in der Statistik die Regression zur Mitte. Tendenziell lässt sich aber beobachten das Kurse auf einen langen Zeitraum betrachtet steigen. Wer also langfristig anlegt, nicht bei jedem Dip verkauft und seine Wertpapiere (Aktien oder ETFs) hält, wird auf lange Sicht belohnt. Wenn Sie das bei Ihrem Börsengang berücksichtigen werden Sie bessere Entscheidungen treffen und mit kurzzeitigen Schwankungen, also der Volatilität besser umgehen können. Marktschwankungen sollte man eher als freundliche Einladung statt als negativen Gegner betrachten, da man so mehr von ihnen profitieren kann. Wiegen Sie sich trotzdem auch in ruhigen Zeiten nie in Sicherheit. Wir berufen uns jetzt auf Nassim Nicholas Taleb: „Verwechsle niemals die Abwesenheit von Volatilität mit Stabilität."

An dieser Stelle möchten wir nochmals darauf eingehen, warum das Tagesgeldkonto rein als Notgroschenkonto oder als eiserne Reserve zu betrachten ist. Unsere Bank hat uns freundlicherweise über die neue Zinsanpassung informiert, die wir von nun an für unser Tagesgeld bekommen. Sie beläuft sich ab sofort auf 0,001 %. Ja es ist kein Druckfehler, die dritte Kommastelle nach der Null. Es stellt sich die Frage, wie man einen Cent in solch mikroskopisch kleine Stücke Teilen soll. Für alle Mathefüchse unter Ihnen rechnen Sie doch einmal aus wie viel Geld Sie anlegen müssten, um den Sparerpauschbetrag von 801 Euro pro Person voll ausschöpfen zu können. Es sind nicht weniger als 80.100.000 Euro. Wer über solch ein Vermögen verfügt geht wohl auch mit der einhergehenden Besteuerung jenseits des Freistellungsauftrags d'accord oder ist schon längst ausgewandert. Hier brauchen Sie sich keine Sorgen mehr zu machen. Mal ganz davon abgesehen das die Einlagensicherung nur bis 100.000 Euro greift und es nicht nur aus diesem Grund fahrlässig wäre eine Summe jenseits dieser Grenze auf einem Sparkonto zu parken. Ein zusätzliches Geschmäckle trägt die Inflation bei. Jahr für Jahr steigen die Preise und somit entwertet sich das Geld, das auf der Seite lagert. Hätten wir also in der Hoffnung das sich unser Geld auf einem Sparbuch vermehrt 10.000 Euro bei 0 % Zinsen, aber einer Inflation von jährlich 2 %

über 20 Jahre geparkt, so läge die Kaufkraft heute bei 6729,71 Euro. Und dass obwohl die „wahre“ Inflation sogar noch viel höher ist. Erschreckend nicht war. Lassen Sie also nie zu viel Geld einfach nur rumliegen, es verbrennt schneller als das Papier, auf dem der Wert gedruckt steht.

Um finanziell wohlhabend zu werden, müssen Sie anfangen, in Produkte mit einer höheren Rendite zu investieren, auf höhere Zinseinkünfte oder Dividenden setzen und Ihr Humankapital erhöhen. Das sind die magischen Schlüssel für mehr „Cash in the Täsch“. Außerdem kann es sich lohnen, von Zeit zu Zeit über die Zukunft nachzudenken, das heißt sich mit Trends wie ESG-Investing, oder neuen Technologien auseinanderzusetzen die in naher Ferne unverzichtbar sein werden. Wie nachhaltig Sie Ihre Investitionen gestalten, bleibt Ihnen überlassen. Ethische umweltfreundliche Investments könnten jenen unter Ihnen den ersten Einstieg ebnen, die klassischen Anlagen gegenüber ein eher schlechtes Gefühl haben.

Ein weiterer Schlüsselgedanke, der Steuern spart und gleichzeitig Ihren Kindern etwas Gutes tut, ist das Juniordepot. Minderjährige Kinder gelten als vollwertige Steuerzahler, Sie können somit den Sparerpauschbetrag (801.- Euro) plus zusätzlicher Sonderausgaben (36.- Euro) jährlich nutzen. Zusammen mit dem Grundfreibetrag von 9. 744.- Euro beträgt der Steuerfreibetrag Ihres Kindes somit bis zu 10. 581.- Euro p.a. (Stand Januar 2021). Gleichzeitig zeigen Sie Ihrem Kind, wie man richtig mit Geld umgeht, und führen es möglichst bald in die Welt der Finanzen und des daraus einhergehenden Wohlstandes ein. In der Schule lernt man bis heute leider noch nicht einmal, wie man ein Bankkonto eröffnet, geschweige denn dass man die Finger von den Dispozinsen lassen soll.

Nun, da Sie sich das obligatorische Standardwissen angeeignet haben, können wir gleich einen Schritt weiter gehen und uns mit Dividenden beschäftigen. Womöglich sind Sie bei Ihren Recherchen schon über das Thema Dividenden oder die „ausschüttenden ETFs" gestolpert.

Dividenden betrachten Sie als Geld, das Ihnen zufließt und es fließt auch nur dann, wenn Sie investiert sind. Je mehr Geld Sie investieren, desto mehr Dividendeneinkünfte können Sie verzeichnen. Wenn Sie von den zusätzlichen Einkünften Ihren Lebensunterhalt bestreiten wollen, so wird das für viele wohl erst mit einer beträchtlichen sechsstelligen Investmentsumme realisierbar sein. Natürlich, das geht nicht von heute auf morgen, doch wenn Sie beständig Ihr Portfolio im Blick haben und Ihr Geld nicht sinnlos ausgeben, also noch eine weitere überflüssige Handtasche kaufen, dann werden Sie die Früchte Ihrer Ausdauer auch ohne den ganzen Schnickschnack ernten. Um den Zugewinn der Ausschüttungen nicht auszugeben und das Wertwachstum der Anlage auf ein Maximum anzuheben, kann ein thesaurierender ETF die geschicktere Wahl sein. Bei einem Thesaurierer werden alle Ausschüttungen ohne Ihr zutun automatisch durch die Fondsgesellschaft reinvestiert. Sie haben also weniger zu tun und werden auch nicht verführt die Dividende auszugeben.

Das Schlagwort lautet Opportunitätskosten. Jede nicht genutzte Handlungs- oder Investitionsoption zieht Kosten mit sich. Kaufen Sie sich also Monat für Monat die neuesten, modischen Turnschuhe für 200 Euro ist das Geld weg. Dieses Geld hätten Sie Anlegen können, nicht nur wäre es dann noch da, es würde sich auch vermehren.

ETFs, werden Sie sagen, unterliegen doch auch Kursschwankungen. Und ja Sie haben recht. Jedoch gibt es hier wie auch bei allen anderen Lebensbereichen auch immer einen konservativen Ansatz. Sie könnten zum Beispiel in den MSCI World Index investieren, der mehr als 1600 „gestreute“ Unternehmen aus 23 Industrieländern abbildet. Wollen Sie einen noch größeren Topf abdecken, investieren Sie in einen MSCI ACWI der die Wertentwicklung von, je nach Anbieter um die 3000 Unternehmen aus 23 Industrie- und 26 Schwellenländern abbildet. Wir machen hier keine speziellen Empfehlungen auch werden wir Ihnen keine Finanzberatung anbieten. Da müssen Sie sich immer wieder aufs Neue selbst weiterbilden und sich endgültig einen Durchblick verschaffen. Und bitte nehmen Sie keine Abkürzung und kaufen jetzt einfach Anteile der oben genannten ETFs. Ein Produkt muss immer erst verstanden werden, bevor man investiert, sonst kaufen Sie die sprichwörtliche Katze im Sack.

Betrachten wir nun einen weiteren Weg, um den Geldfluss in Ihre Richtung zu leiten, Ihr Humankapital. Bestehend aus Ihren Talenten, Ihrer Arbeitsmoral und Ihrer Bereitschaft in Bildung zu investieren. Wie wir Ihnen bereits im vorangegangenen Kapitel erläutert haben, handelt es sich hier um Vermögen, das bereits in Ihnen steckt und nur noch offengelegt werden muss. Dieses Kapital kann Ihnen niemand wegnehmen. Wenn Sie es schaffen etwas zu kreieren, dass Ihnen immer wieder Geld einbringt, ohne erneut viel dazu tun zu müssen, haben Sie eine Cashcow. Dies könnte zum Beispiel sein, ein Online-programm lancieren, Musik komponieren, ein Produkt erfinden, das die Welt noch nicht hat und braucht oder einfacher gesagt, die Lösung für ein Problem entwickeln. Auf welche Frage haben Sie oder sind Sie sogar die Antwort?

Oftmals ist man so im täglichen Geschehen eingebunden, das man einfach nicht die Zeit findet Nachforschungen über die Möglichkeiten, die man vielleicht noch nicht gefunden hat, anzustellen. Mit diesem Buch legen wir Ihnen schlicht und ergreifend Optionen und Strategien offen die das Buffet des Lebens für Sie bereit hält. Deshalb schauen Sie sich ruhig und bedacht nochmals einzelne Kapitel an. Packen Sie alles auf Ihren Teller, schmeckt etwas ganz besonders gut, dann fragen Sie den Koch, wie er es zubereitet hat. Zum Glück gibt es so viele „Starköche“ wie Restaurants deren Rezepte Sie sich nach und nach einverleiben oder auch nach Ihrem Geschmack selbst nachkochen können. Will heißen: Informieren Sie sich, lesen Sie und fassen Ihre finanzielle Bildung ein für alle Mal ins Auge. Ihrer Motivation und Ihrem Wohlstand steht nichts mehr im Wege.

# Assetklassen – eine Klasse für sich

*„Nicht der Preis einer Anlage, sondern der Wert ist maßgeblich."*

Warren Buffett

Als ich mich intensiver in das Thema Finanzen hinein fuchste, war ich anfangs von der Menge der Fachausdrücke und der Finanzsprache überwältigt. Doch genau wie bei Fremdsprachen hat auch diese Sprache einen gewissen Klang und bestimmte Termini, die bei genauerer Betrachtung wiederholt auftreten. Jede Sprache hat einen bestimmten Wortschatz. Nur weil wir im deutschen Dinge auf eine gewisse Art und Weise ausdrücken, heißt das nicht, dass man es im spanischen oder im englischen eins zu eins übersetzten kann. Was wir aber alle brauchen, ist finanzielle Bildung und das fängt bei der Sprache an. Lassen Sie uns also gleich loslegen mit einer Einführung ins „Finanzesische".

Die wohl wichtigste Rolle in Ihrem Anlagemix spielen die Assets oder auch Vermögenswerte. Ganz einfach erklärt sind Assets die Gesamtheit der Vermögen, die ein Unternehmen oder eine Person besitzt. Zu einem bestimmten Teil ist dieses Kapital in Sachwerten angelegt oder wird wie im Fall des Humankapitals durch Ihre eigenen Fähigkeiten erwirtschaften. Assetklassen sollten diversifiziert, also gestreut werden, um in Wachstumsphasen zu profitieren und sich in Krisenzeiten auszugleichen. Wie wir im März 2020 gesehen haben kann es innerhalb kürzester Zeit zu unvorhergesehenen Krisen kommen, bei der dann jeder losrennt, um sein Geld in Sicherheit zu bringen. Wer rechtzeitig einen Plan B und Reserven aufgebaut hat, muss sich dann nicht auch noch seinen Kopf darüber zerbrechen, wie er über die Runden kommt oder seine Schäfchen im letzten Moment noch ins Trockene bringt.

Dem Kapital stehen stets Verbindlichkeiten gegenüber. Ihre Verbindlichkeiten, also Ihre immer wiederkehrenden fixen Ausgaben, sollten auf ein Minimum reduziert werden. Man verliert leicht den Überblick über die Menge an Geld, die abfließt, wenn man sich diese nicht von Zeit zu Zeit vor Augen führt. Ihre Miete, ein teurer Handyvertrag, ein zu großes Auto, Versicherungen, Abos, Kredite, jeder dieser Bereiche muss monatlich bedient werden. Die wohl größte und zudem emotionalste Verbindlichkeit im Leben vieler Menschen ist das Eigenheim. Wenn Sie sich einen lang ersehnten Traum erfüllen und schließlich Ihre eigenen vier Wände finanzieren möchten, sollten Sie mindestens 30% Eigenkapital aufweisen können. Vergessen Sie in der Rechnung nicht die Kaufnebenkosten und weitere Anschaffungen wie etwa eine neue Küche oder zusätzliche Möbel. Leider unterschätzen viele diese jahrzehntelange Last und versuchen, die herrschende Niedrigzinsphase auszunutzen, und schrecken selbst vor einer Finanzierung mit 0% Eigenkapital nicht zurück. Doch leider verstehen viele Ihren Hypothekenkredit nicht wirklich, weil sich nicht eingehend damit beschäftigt wurde. Bevor Sie eine Bank mit Ihrem Anliegen aufsuchen rechnen Sie bitte vorab alles durch, planen Sie zusätzliche Puffer und eine jährliche Sondertilgung mit ein. Ihr Bankberater muss Sie zwar auf vieles aufmerksam machen, wird Ihnen aber nicht eindringlich erläutern, dass Sie nach Ihrer Sollzinsbindung eine Anschlussfinanzierung mit künftig, je nach Entwicklung, höheren Zinsen abschließen werden. Sie finden im Netz sehr gute Tilgungs- und Hypothekenrechner, die Ihnen verdeutlichen werden, wo Sie wirklich stehen und was Sie sich wirklich leisten können.

Gleiches gilt für Mietverhältnisse, wohnen Sie nicht über Ihre Verhältnisse. Je größer der Wohnraum, desto mehr Zeit und Geld müssen Sie investieren, um Ihr Domizil in Schuss zu halten. Als Eigentümer sei Ihnen gesagt: Das Haus will gepflegt werden, der Garten auch. Im besten Fall haben Sie alle Eventualitäten einkalkuliert und kommen jeden Monat gerade so hin. Haben Sie denn noch genügend Kapazitäten, um für die Altersvorsorge oder Urlaube zu sparen? Dies ist kein Plädoyer für ein Tiny House, auch wenn das die schlauere Option für viele Haushalte wäre. Doch anstatt auf großem Fuß zu leben, sollten Sie immer bedacht sein und ganz realistisch einschätzen was Sie sich leisten können und wollen. Bleiben Sie rational ehrlich. Wenn Sie sich etwas nicht leisten können, sparen und arbeiten Sie, bis Sie es können.

Bevor es ans Eingemachte geht, werden wir nun die relevanten Assetklassen aufzählen damit Sie sich vorab schon einmal ein Bild darüber machen können, welche Werte Sie bereits besitzen und welche Werte noch ausbaufähig sind. Ungewöhnlich exotische Anlagen wie etwa Sammlerobjekte, Oldtimer, Kunst, P2P Kredite oder Diamanten kann man einem Portfolio alternativ in geringen Mengen ebenfalls beimischen, jedoch erfordern diese eine umfangreiche Kenntnis bezüglich Lagerung und Risiko. Deshalb werden diese Nischen-Invests hier nur kurz erwähnt, aber nicht weiter besprochen. Nun aber zu den Assetklassen:

- Cash (in Form von Tagesgeld, Bargeld)

- Immobilien (Vermietungsobjekte, Verpachtung, Grund- und Landbesitz)

- Wertpapiere (Aktien, ETFs, REITs)

- Anleihen (Staats- und Unternehmensanleihen)

- Edelmetalle (physisches Gold, Silber und andere Edelmetalle, Anlagemünzen und Barren)

- Devisen (z. B. US-Dollar, Britische Pfund, Schweizer Franken, Norwegische Kronen oder Chinesischer Renminbi. Jedoch nur ca. 1-2% des Gesamtvermögens)

- Kryptowährungen (Bitcoin, Ethereum etc. wobei hier die weitere Entwicklung des digitalen Euro und damit einhergehende Regulierung und Verbote verschiedener Länder in Betracht gezogen werden müssen)

- Humankapital (Erlös den Sie aus Ihrer Arbeit erwirtschaften. Das vielleicht wichtigste jedoch meist unterschätzte Asset)

Eine bestimmte Reihenfolge in der Sie sich Ihre Assets aufbauen sollten, gibt es nicht wirklich. Was aber auf jeden Fall hilfreich ist, wenn man kurzfristig Geld braucht, weil eine teure Autoreparatur oder die Anschaffung einer neuen Waschmaschine ansteht, ist Liquidität in Form von Cash und dafür sollten zwischen drei bis sechs Monatsgehälter geparkt sein. Bedenken Sie bei dem Geld, das Sie auf Ihrem Konto liegen haben, dass es sich hierbei um Giralgeld handelt, dieses Geld ist nicht in Form von Bargeld also Scheinen und Münzen im Umlauf oder gar bei Ihrer Bank physisch hinterlegt. Die gesetzliche Einlagensicherung bei einer Bankenpleite liegt in Deutschland bei momentan 100.000 Euro, so steht es im Gesetz. Aber: Sparer haben keinen Anspruch auf Geld, nur auf Mittel aus dem Einlagensicherungsfonds. Wie groß dieser tatsächlich ist, wenn es nicht nur eine Bank erwischt, steht in den Sternen. Entscheiden Sie selbst wie viel Guthaben Sie auf Ihren Konten belassen. In der derzeitigen Nullzinspolitik ist das Anhäufen von Sparguthaben wohl nicht die lukrativste Idee.

Sie dürfen nicht vergessen, dass die Rendite oder der Gewinn den ein Investment erzielt vor allem durch das bestehende Risiko erhöht oder gesenkt wird. Die Rendite ist sozusagen eine Kompensation, oder positiver ausgedrückt eine Prämie, für Ihr Risiko. Wer wenig Risiko eingehen möchte, wird auch weniger Rendite einfahren. Legen Sie Ihr Erspartes auf ein Tages- oder Festgeldkonto an, wissen Sie genau, was Sie wann bekommen. Behalten Sie hier allerdings immer die Inflation im Auge. Der Wert des Geldes den Sie heute auf einem verzinsten Konto oder unter dem Kopfkissen parken, wird in zehn Jahren schmerzlicherweise um ein Vielfaches weniger sein. Wer sich einem hohen Risiko durch Anlagen in volatile, schwer einschätzbare Produkte wie etwa Kryptowährungen oder Start-ups aussetzt, muss große Schwankungen eines bestimmten Teils seiner Investition einplanen und aushalten. Anhand des magischen Dreiecks der Geldanlage wird das Spannungsverhältnis und der damit zusammenhängende Konflikt zwischen den Faktoren Sicherheit – Rendite – Liquidität visuell dargestellt. Jede Geldanlage erfordert also Kompromisse.

## ASSETKLASSEN

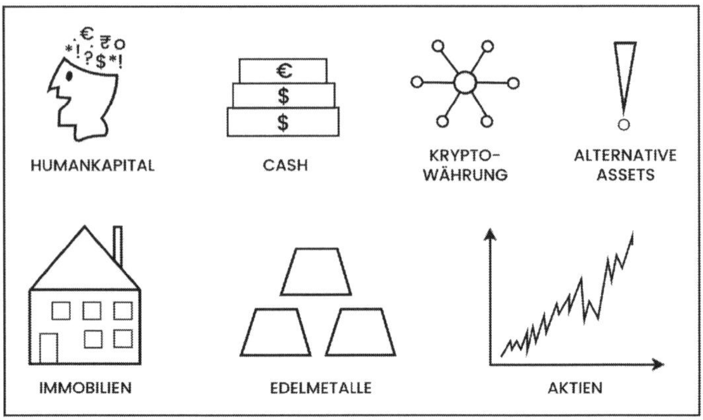

Zurück zu Ihrer Cashposition. Dies ist also Geld, das Sie als Puffer zur Verfügung halten, falls aus heiterem Himmel unangekündigte Ereignisse aufkommen. Verwechseln Sie diese Cashpositon bitte nicht mit dem Geld, das Sie für Ihren Urlaub oder sonstigen Wünsche verwenden. Dafür richten Sie bitte ein gesondertes Konto mit einer dafür vorgesehenen Sparrate ein. Es versteht sich von selbst dass dieses Geld jährlich oder nach Eintreten eines Falls der zu einer Entnahme von Summe x führt, so schnell wie möglich wieder aufgefüllt wird. Stellen Sie sich vor Sie würden aus irgendeinem Grund Ihre Arbeitsstelle verlieren, könnten Sie in solch einem Szenario Ihren Lebensunterhalt bestreiten und Ihre Fixkosten decken, und wenn ja wie lange? Das schlimmste, was Sie in so einem Szenario tun würden, wäre, auf den Dispokredit Ihrer Bank zuzugreifen. Sein Sie nicht kreditwürdig, sondern geldwürdig. Die Nutzung des Dispokredits führt in jedem Fall in eine Abwärtsspirale, die aller Voraussicht nach unerwünschte Folgen mit sich bringt. Sie würden sich bewusst für Schulden entscheiden und dieser Weg ist unter allen Umständen zu vermeiden, koste es, was es wolle. Wenn Sie sich diesen Puffer erstmal aufgebaut haben, werden Sie ein wirklich großartiges, aber vor allem beruhigendes Gefühl verspüren.

Im vorangegangenen Kapitel haben wir Sie auf Ihre persönliche Toleranzgrenze hingewiesen. Falls Sie diese schon kennen müssen Sie jetzt noch klären, ob Sie „aktiv“ oder „passiv“ mit einer Buy-and-Hold-Strategie investiert sein möchten. Es sei schon vorweggenommen das die leichtere, da weniger zeitintensive Methode das passive Investieren ist. Leider schleicht sich für den Laien hier durch die Bezeichnung passiv ein leicht negativer Touch ein, der der Sache nicht gerecht wird. Passiv bezieht sich auf die Zeit zur Nacharbeit und Pflege, die man zum Beispiel für ein ETF (Exchange Traded Fund) aufbringen muss. Sie investieren Geld lassen es liegen und profitieren vom Zinseszins.

Passives investieren, ist eine Philosophie, die wie bereits erwähnt mit ETFs am einfachsten zu realisieren ist. ETFs sind Abbildungen von börsengehandelten Fonds. Sie kennen bestimmt den DAX, dieser Index bildet die 40 stärksten deutschen börsennotierten Unternehmen ab. Der MSCI ACWI (MSCI All Country World Index) ist ein global diversifizierter Fonds, der sich aus plus minus 3000 Unternehmen aus 49 Ländern (Stand März 2021) zusammensetzt. Wir sprachen vorhin von der Diversifikation, und Sie können davon ausgehen das wir Ihnen das Thema immer wieder aufs Neue ans Herz legen werden, weil es den Grundstein Ihrer Finanzstrategie bilden sollte. Wie gesagt, Sie würden ja auch nicht alle Eier in einen Korb legen. Würden Sie hinfallen, wären wahrscheinlich alle Eier kaputt. Verteilen Sie jedoch die Eier auf mehrer Körbe, macht es auch nichts wenn Sie ins straucheln kommen, der Verlust von zwei Eiern ist besser zu verkraften als der eines Dutzends. Und so ist es auch bei einem ETF, je gestreuter er hinsichtlich Regionen und Sektoren ist, desto effektiver schützt er vor Verlusten. Ihre Anlagestrategie entscheidet über die Diversifikation Ihres Portfolios. Wie bei allen Investments sollten Sie sich auch hier ausreichend informieren, bevor Sie investieren. Das Factsheet und das KIID sind vor dem Kauf eines ETFs die beiden Dokumente welche die wesentlichen Informationen über diesen Fonds enthalten.

Anders gesagt, wenn Sie sich einmal intensiv mit dem Thema ETF beschäftigt haben, die Funktionsweise verstanden haben und Ihren Investitionsplan der für die nächsten Jahre und Jahrzehnte gesetzt ist anhand Ihrer Risikotoleranz und Ihrer finanziellen Mittel festgelegt haben, werden Sie außer dem regelmäßigen Rebalancing nichts mehr verändern müssen. Rebalancing bedeutet, Ihre ursprüngliche Portfoliostruktur prozentual wiederherzustellen. Investieren Sie in mehr als einen ETF, so hatten Sie sich anfangs nach eingehender Recherche für eine spezielle Gewichtung entschieden (zum Beispiel 70% MSCI World zu 30% MSCI Emerging Markets). Da die Kurse schwanken und sich unterschiedliche Indizes unterschiedlich entwickeln, sollten Sie jährlich eine Korrektur zum Ursprungswert herstellen. Wirft das alles Fragezeichen bei Ihnen auf, muss ich Sie nochmals darauf verweisen vor einer Investition eingehend die Literatur zu studieren und sich gründlich mit diesem Thema zu beschäftigen. Investieren Sie Ihr Geld niemals in Dinge, die Sie nicht verstehen.

Kryptowährungen sind eine relativ junge Assetklasse und wurden das erste Mal 2009 transferiert. Genauer genommen war es der Bitcoin, der als erste dezentralisierte digitale Währung den Besitzer wechselte. Seither dreht sich alles um eine der wertvollsten Ketten der Welt, die Blockchain-Technologie. Was von skeptischen Anlegern noch als spekulatives Asset wahrgenommen wird, kann von Unternehmen aber auch durchaus von Privatpersonen als Chance begriffen werden. Da es sich hier um ein hochvolatiles Asset handelt, sollte die Position der Beimischung des Portfolios nicht zu hoch sein und der eigenen Risikotoleranz entsprechend gewählt werden.

Vergleichsweise uralt und konservativ kommt da die Anleihe in Form von Staats- und Unternehmensanleihen daher. Diese zinstragenden Wertpapiere waren Jahrzehnte lang eine relativ sichere Nummer, wenn man einige Punkte wie Laufzeit und Rating des Emittenten berücksichtigt hat. Da Anleihen momentan häufig nur noch mit negativen Zinsen rentieren, ist dieses Investment wohl lediglich als Inflationsflucht zu verstehen.

Eine beliebte Assetklasse die von vielen Investoren auch, als Must-have propagiert wird, sind Immobilien. Es sei gesagt, dass hierzu nicht ihr Haus oder Ihre Eigentumswohnung zählt, die Sie selbst bewohnen, auch wenn Sie diese schon abbezahlt haben. In diesem Fall handelt es sich um eine Verbindlichkeit, denn das Eigenheim bringt Ihnen kein Geld ein, sondern kostet Sie je nach Alter, Zustand und Pflege die Sie mit den Jahren investiert haben und noch investieren werden bares Geld. Ob man im Eigenheim oder zur Miete wohnt, bleibt letztlich eine Lifestyleentscheidung, in Finanzkreisen und rein rechnerisch betrachtet zählt nur eine Immobilie die Sie vermieten und die dadurch einen regelmäßigen Geldfluss in Ihre Kasse spült als Asset. Da der Anschaffungspreis hier relativ hoch liegt, ist dies auch keine Assetklasse, die man sich über Nacht aufbaut. Beachten Sie bei der Wahl Ihrer Immobilie drei wichtige Dinge: Lage, Lage, Lage! Ein Haus in der Pampa, eingekesselt zwischen einer viel befahrenen Straße und den Gleisen der Deutschen Bahn, könnte sich, auch wenn vermeintlich billig, als kein gutes Investment herauskristallisieren. Jedoch ist zu beachten, dass kleine und hässliche Objekte eventuell bessere Renditen abwerfen als eine große Luxusimmobilie. Strategisch gesehen wären also mehrere kleine Wohnungen in zentraler Lage einem Haus vorzuziehen. Wer handwerklich begabt ist oder über eine Mannschaft an Handwerkern verfügt und schon Erfahrungen auf dem Immobilienmarkt gesammelt hat, könnte sich durch das Aufwerten und Verkaufen von renovierungsbedürftigen Objekten am Fix&Flip-Geschäft beteiligen. Um aus steuerlicher Sicht nicht als gewerblicher Immobilienhändler eingestuft zu werden sollten Sie diese Aktivitäten auf maximal drei Objekte binnen 5 Jahren beschränken, oder falls Sie mit dieser Methode für sich ins Schwarze getroffen haben vielleicht darüber nachdenken ein Business daraus zu generieren.

Doch auch inaktiv kann Ihnen eine Immobilie in Form eines Erbes zufließen. Bevor Sie eine geerbte Immobilie verkaufen, weil Sie keine Verwendung dafür sehen oder aber mit einer Weltreise oder ihrem Traumauto liebäugeln, überlegen Sie bitte gut, ob Sie die Vermietung der Immobilie auf Dauer nicht weiterbringen würde. Vermieter zu sein ist allerdings auch nicht ganz einfach. Bedenken Sie hier, dass Instandhaltungskosten natürlich von Ihnen getragen werden, wiederum verbuchen Sie Steuerentlastungen und haben, wenn Sie einen passenden, solventen Mieter finden regelmäßige Einnahmen. Es ist also ein Geben und Nehmen, wenn Sie die Emotionen aus dem Spiel lassen und das vermietete Objekt als reines Investment betrachten und alle Parameter gegenrechnen, können nur Sie alleine am besten Entscheiden ob es Ihnen die Sache wert ist oder nicht. Was immer und hier ganz besonders anzuraten ist, machen Sie keinen übereilten Schnellschuss, auch wenn Sie die Situation vorerst überrascht und vielleicht sogar überfordert.

Legen wir los mit Aktien, diese sind ganz allgemein gehalten Beteiligung an börsennotierten Firmen (Aktiengesellschaften) die je nach Firmenstruktur Dividenden (also Teile des Gewinns) an die Aktionäre ausschütten oder nicht. Wertpapiere jeder Art, ob in Form von Aktien, ETFs, Anleihen, Derivate, Optionen et cetera unterliegen Kursschwankungen, das muss man wissen. Und bevor man irgendeinen Betrag investiert, möge er noch so klein sein, sollte man sich mit der Firma oder dem Fonds und dem Prinzip hinter der Anlage auseinandersetzen und diese in- und auswendig kennen. Mit kennen meine ich nicht, dass Sie zum Beispiel Wissen das Coca-Cola das gleichnamige Süßgetränk herstellt, sondern es sich hierbei um einen der Global Player handelt, der auch Wasser, Säfte, isotonische Getränke, Milch und seit 2017 den exklusiven Vertrieb aller Lavazza-Produkte in der Schweiz übernommen hat und dadurch langfristig auch im globalen Kaffee-Segment positioniert ist. Auch die Unternehmenskennzahlen, Quartalszahlen und der Jahresbericht, die sich schon mal über mehrere hundert Seiten erstrecken können, werden Sie auf das ein oder andere hinweisen. Gleichermaßen sollten Sie in einer persönlichen Einschätzung die Führungsriege inklusive des CEO einer Firma unter die Lupe nehmen.

Jeder Kauf, jeder Verkauf, sowie die laufenden Kosten der ETFs oder Fonds, die Sie besitzen, zuzüglich eventueller Depotgebühren (nicht alle Banken veranschlagen Depotgebühren) verursachen Kosten, die wiederum die Rendite schmälern. Wenn Sie also nicht richtig nachgeforscht haben, ungeduldig werden oder gleich zum nervösen Trader mutieren, der bei geringsten Kursschwankungen in Rage gerät und gleich alles verkauft wird das Handeln an der Börse ein Nullsummenspiel. Kursverluste aber auch Kursgewinne verbuchen Sie nur in dem Moment, indem Sie verkaufen, also diese realisieren. Alles andere steht nur auf dem Papier also in Ihrer Depotübersicht und hat für Sie vorab keine Bedeutung. Der vielzitierte Spruch, hin und her macht Taschen leer, ist ein Leitsatz, den vor allem passiv Investoren zu Recht immer wieder zitieren.

Finanzkrisen, Regeln, Crashszenarien – lassen Sie uns kurz gemeinsam durchatmen. Wir wollen Ihnen mit diesen Geschichten die Börse nicht madig machen. Sie sollten allerdings schon wissen, was dort gespielt wird, um verantwortungsvolle Entscheidungen treffen zu können. Eignen Sie sich Wissen an und nutzen Sie die Chancen, die die Assetklasse Aktien mit sich bringt. Aus Furcht und Unwissenheit auf diese Gelegenheit zu verzichten wäre bedauerlich. Ist Ihnen das Investieren in Einzelunternehmen doch zu risikoreich und undurchsichtig, können Sie sich durch passives investieren an die Börse herantasten. Falls wir es nicht schon an anderer Stelle getan haben, dann legen wir Ihnen die Publikationen von Dr. Gerd Kommer ans Herz. Er ist der ETF-Guru und steht allen, die eine langfristige Vermögensbildung vor Augen haben, zur Verfügung.

Wir möchten das Ganze selbstverständlich nicht schönreden. Ein Totalverlust ist immer möglich, auch wenn dieser durch ein Paar einfache Regeln größtenteils sehr erfolgreich vermieden werden kann. Sollten Sie trotz akribischer Vorbereitung und Analyse Ihr Investment verlieren, nehmen Sie es als Lehrgeld. Ihr Verlust sollte kein K.o.-Kriterium für die Börse darstellen. Jetzt alles hinzuschmeißen und zu sagen „die Börse ist nichts für mich“ , wäre bedauerlich. Finden Sie heraus, warum das passiert ist. Haben Sie vielleicht all Ihr Geld auf ein Pferd gesetzt, statt es zu streuen? Den Kopf in den Sand stecken bringt nichts, da das Geld ja immer noch da ist, es ist nur bei einem anderen, der sich über Ihr Ungeschick freut. Krisen bringen immer Verlierer und Gewinner hervor. Sehen Sie jetzt, warum Sie nie eine existenzbedrohende Summe in ein Unternehmen investieren und somit alle Eier in einen Korb legen sollten?

Eine weitere sinnvolle Streuung Ihres Vermögens die in jedes Portfolio gehört, ist die Beimischung von physischem Silber und Gold. Wenn wir von diesen Edelmetallen die zur Rubrik der Rohstoffe zählen sprechen, meinen wir nicht die Kette die Sie um den Hals tragen. Dieser Schmuck ist per se nicht wertlos, jedoch zahlen Sie hier auch immer das Design und die Herstellungskosten mit und sollten deshalb zu Investment und Werterhaltungszwecken lieber auf etablierte Anlagemünzen wie Krügerrand, Maple Leaf oder Wiener Philharmoniker setzen. Beachten Sie bei Silber die Fälligkeit der Mehrwertsteuer, diese können Sie umgehen oder minimieren, indem Sie sich die Silbermünzen oder Barren in ein sogenanntes Zollfreilager liefern lassen und lagern oder auf Münzbarren setzen. Goldbarren sind ab einer Größe von 50 Gramm den Preis betreffend ratsam. Goldbarren sind etwas günstiger als Goldmünzen, da sie dem Materialwert am nächsten kommen. Größere Barren sind jedoch schwerer zu veräußern. Wären Sie Anfang 2021 gezwungen gewesen

Ihren Goldbestand, sagen wir einen 500 Gramm Barren zu verkaufen, weil Sie sich gegen eine kleinere Stückelung entschieden hätten, wären Ihnen für den Verkauf rund 25.000 Euro zuteilgeworden. Falls Sie jedoch nur die Hälfte der Summe gebraucht hätten, müssten Sie nun kleinere Stückeinheiten teurer zurückkaufen. Kaufen und Verkaufen Sie Münzen und Barren nur bei seriösen Händlern die Mitglieder im Berufsverband des deutschen Münzhandels sind. Sachwerte, also Edelmetalle insbesondere Gold sind Krisenwährungen, wie viel Geld Sie hier investieren, hängt einzig und allein von Ihrem Vertrauen in die zukünftige Entwicklung Ihres Landes oder der Währung ab. Gold wird wohl immer einen gewissen Glanz behalten.

Jetzt, da Sie einen groben Überblick über die gängigsten Vermögenswerte haben, können Sie sich an die Assetallokation machen. Stellen Sie sich die Frage, wie Sie Ihr Portfolio und Ihr Vermögen aufteilen möchten und durch eine durchdachte Streuung mehr Sicherheit aber auch Chancen in diesen Bereich bringen. Schließlich sollte das primäre Ziel darin bestehen, dass Ihr Geld vorrangig für Sie arbeiten kann. Lesen Sie also gleich weiter, das nächste Kapitel könnte sehr aufschlussreich sein.

# Less work more money

*„Do what you do best, and outsource the rest."*

Peter Drucker

Eine Symphonie aus vier Worten: „Less work more money". Klingt das nicht erstklassig: mehr Zeit, mehr Geld, mehr Leben. Ein Traum? Nein, wer hinter Wohlstand nicht nur Reichtum in Form von Geld vermutet, sondern darüber hinaus auch zusätzliche Zeit und Freiheit ins Leben rufen möchte, der kann dies durch das Konzept des Automatisierens und Outsourcings erreichen. Gezieltes Reduzieren unliebsamer Arbeiten kann Sie aus dem ewigen Hamsterrad befreien und Ihren Traum schon früher als geglaubt wahr werden lassen. Outsourcing funktioniert jedoch nicht nur im Businesskontext, sondern kann auch bei kleineren Dingen im Privaten gut genutzt werden.

Nehmen wir an, Ihr Stundenlohn beträgt 50 Euro. Welche Tätigkeiten, die Ihnen weniger Stundenlohn bringen müssen Sie an einem normalen Arbeitstag noch verrichten? Sagen wir, Sie kümmern sich um Ihren Haushalt und verlieren dadurch 3 Stunden pro Woche, in dieser Zeit hätten Sie 150 Euro verdienen können, das Thema Steuern lassen wir hier zur Vereinfachung außen vor. Eine Haushaltshilfe für denselben Zeitraum würde Sie in etwa 60 Euro kosten, Sie hätten also einen monetären Gewinn von 90 Euro erwirtschaftet, indem Sie eine Aufgabe abgegeben oder delegiert hätten. Was viele nicht auf dem Schirm haben, ist der Gewinn der freien Zeit. Oft sind wir verleitet alles selbst machen zu wollen, weil wir es ja besser können oder weil es schneller geht. Doch wie sieht es mit Dingen aus die Sie ungern tun? Die Liste an unliebsamen Tätigkeiten kann lang sein: Bügeln, Gartenarbeit, Steuererklärung. Schrecken Sie nicht davor zurück leidige Aufgaben an fähige Menschen abzugeben, die diese vielleicht gerade, weil sie im Gegenzug bezahlt werden, lieber machen. Falls Ihre Finanzen eine dauerhafte Haushaltshilfe nicht hergeben, so gönnen Sie sich einmal im Jahr einen professionellen Dienstleister, der für Sie den Frühjahrsputz oder im Herbst die Gartenarbeit erledigt. Nebenbei gesagt sind dies auch tolle Geschenkideen für Verwandte, die eine Entlastung ganz gewiss genau so dankend annehmen wie Sie und ich.

Ihre Steuererklärung sollten Sie verstehen, diese allerdings jedes Jahr gezwungenermaßen schlecht gelaunt über Stunden selbst zu machen, ist wenig sinnstiftend. Geben Sie diesen Aufwand deshalb ab, die Steuergesetzgebung verändert sich sowieso fast jährlich, über all diese Details Bescheid zu wissen wäre eine Mammutaufgabe. Stehen Sie vor einem Umzug, holen Sie sich auch hier fachgerechte Hilfe, ob in Form eines Umzugsunternehmens oder eines Elektrikers, der Ihnen bei der Montage Ihrer Deckenleuchten hilft. Die Zeit und die Nerven, die Sie sich hier sparen, ist das Geld allemal wert. Noch dazu werden die Arbeiten fachgerecht und in einem Schwung erledigt.

Doch manchmal ist man sich einfach unsicher. Das Erstellen eines Ernährungs- oder Trainingsplans könnte man mit etwas Recherche ja auch selbst bewerkstelligen, doch auch hier gilt, zögern Sie nicht lange, nehmen Sie einen Booster und engagieren einen Coach, Berater oder fangen mit einem Online-Programm an, so können Sie meist für kleines Geld die jahrelange Expertise eines Fachmannes anzapfen. Je mehr Geld Sie zur Verfügung haben und dies auch einsetzen wollen, desto mehr Unterstützung können Sie sich holen und somit einen regelrechten Momentum-Schnellzug anschubsen.

## Versicherungen und sonstige Formalien

*„Für den, der über glattes Eis gleitet, ist das richtige Tempo Sicherheit."*

Ralph Waldo Emerson

Wenn Sie nach dem Motto: „no risk no fun" leben ist das nächste Kapitel wahrscheinlich nichts für Sie. Wenn Sie allerdings doch einen gewissen Grad an Sicherheit bevorzugen, finden Sie hier alle notwendigen Versicherungen, die Sie brauchen.

Beginnen wir bei uns selbst. Allgemein ist zu sagen, dass viele Zusatz-Versicherungen die unsere Gesundheit betreffen, bei einer gesunden Lebensführung nicht erforderlich sind.

Wenn jemand täglich zu viel am Zuckerkuchen-Haus nagt, bekommt er nicht automatisch schlechte Zähne, allerdings müsste sich dieser Kandidat dann mehr Gedanken über eine Zahnzusatzversicherung machen, als würde er sich diesem schwarzen Schaf der Gewohnheiten nicht aussetzen. Es geht um Wahrscheinlichkeiten und Ängste. Wenn Fehlverhalten nicht korrigiert wird, ist die Wahrscheinlichkeit sehr hoch, dass es zu einem Ausfall führt, oder in dem oben genannten Beispiel zu schlechten Zähnen. Betreiben Sie eine regelmäßige Zahnhygiene, ernähren sich gesund und Besitzen trotz alle dem solch eine Zusatzversicherung dann habe Sie diese wohl aus Angst abgeschlossen.

Es gibt also verschiedene Gründe, warum Menschen sich versichern. Ein gewisser Grundstock an diesen „Sicherheiten“ darf jedoch nicht fehlen, das Leben ist nun mal unberechenbar und deshalb sollte jede Privatperson die folgenden Versicherungen abschließen (auf Versicherungen für Gewerbetreibende, Freiberufler, Unternehmer etc. gehen wir hier nicht ein, diese Fälle sind einzeln zu bewerten):

Haftpflicht:

Diesen Vertrag hat wahrscheinlich jeder. Mit einem relativ niedrigen Jahresbeitrag gestaffelt nach Versicherungsbedarf werden hier Privatpersonen gegen Schadensersatzansprüche Dritter geschützt, wenn Sie also versehentlich gegen eine Glastür rempeln und diese zersplittert, weil Sie in Ihren Chat vertieft waren, zahlt die Versicherung den Schaden.

Berufsunfähigkeit:

Unverzichtbar, da Sie Ihr Humankapital absichern. Wie wichtig dieses Asset ist, konnten Sie bereits dem entsprechenden Kapitel entnehmen. Um all Ihre Rechnungen zahlen zu können brauchen Sie Ihre Arbeitskraft. Sollten Sie durch einen Unfall oder eine Krankheit ihren Beruf nicht mehr ausüben können, bekommen Sie mit einer BU eine vereinbarte monatliche Summe bis zum Eintritt in die gesetzliche Rente. Sie haben nun genug Zeit und eine zusätzliche Reserve bis Sie einen neuen beruflichen Weg gehen können.

Hausrat:

Hier versichern Sie Ihr Hab und Gut, also all das, was sich in Ihrer Wohnung oder in Ihrem Haus befindet. Sollte es zu einem Wasserschaden, Feuer, Diebstahl oder Sturm und Hagel kommen, können Sie nach dem Großreinemachen die meisten Gegenstände wieder ersetzen.

Wohngebäudeversicherung für Immobilienbesitzer:

Sichert Ihre Immobilie vor Feuer, Leitungswasserschäden, Sturm und Hagel, allgemein Naturkatastrophen ab. Nicht zu verwechseln mit der Hausratversicherung. Die Wohngebäudeversicherung ist zuständig für alle fest verbauten Teile Ihrer Immobilie also Heizungsanlagen etc.

Risikolebensversicherung beim Immobilienkauf:

Eine äußerst günstige und sinnvolle Methode, einen Todesfall des Partners finanziell abzufangen. Kaufen Sie zusammen eine Immobilie, so sind der Unterhalt und vor allem die Rückzahlung der Hypothek meist alleine nicht verwirklichbar, die Immobilie wäre verloren. Mit dieser Versicherung wird der Restbetrag den Sie noch schulden durch die Versicherung aufgefangen.

Optionale Versicherung – Rechtsschutzversicherung:

Deckt die Gerichtskosten und je nach Fall die Anwaltskosten bei privaten Streitfällen. Meist ist sie aus verschiedenen Bausteinen, wie Privatrechtsschutz, Berufsrechtsschutz und Verkehrsrechtsschutz zusammengesetzt. Denken Sie beim Abschluss dieser Versicherung daran, dass Sie eine Wartezeit von 3 – 6 Monaten haben bis sie greift.

Reiserücktritt und Auslandskrankenversicherung:

Wenn Sie online buchen oder nicht im Reisebüro von einer Angestellten darauf aufmerksam gemacht werden, denken Sie bitte selbst daran. Jede noch so kurze Reise sollte für den Fall das Sie diese gesundheitlich oder wegen eines

Trauerfalls nicht antreten können versichert sein. Vergleicht man den tatsächlichen Schaden mit der Summe der Police, sind dies meist Kleckerbeträge, falls Sie den zweiwöchigen Kanarentrip absagen müssten, weil Sie sich ein Bein gebrochen haben, würden die kurzfristige Absage des Urlaubs mit hoher Wahrscheinlichkeit teurer ausfallen. Sollte Sie dieses Schicksal im Ausland ereilen können Sie sich auf hohe Versorgungskosten und Arzthonorare verlassen, denken Sie deshalb nicht nur an den Reiseführer, sondern auch an den entsprechenden Schutz vor Ausfällen.

Prüfen Sie einmal jährlich vor Ablauf der Kündigungsfristen Ihre Versicherungsverträge, oft verändern sich die Versicherungsbedingungen oder es gibt bessere Angebote mit einem höheren Versicherungsschutz, die Sie unbedingt anpassen sollten. Das Argument, bei Versicherung XYZ bin ich schon seit 20 Jahren, zählt hier nicht. Finanzen, und dazu zählen auch Versicherungen müssen gepflegt werden genauso wie Ihr Auto, wie ihr Körper, mindestens ein jährlicher Check sollte drin sein. Auch sollten Sie sich die Vertragsdetails und AGB einmal genau durchlesen, oft verlässt man sich rein auf die hervorgehobenen Schlagworte. Kommt es zu einem Schadensfall, wird bei genauer Ansicht des gesamten Vertrags festgestellt, dass zu viele oder zu wenige Bereiche die für Sie relevant wären mitversichert sind und Sie bei einem anderen Anbieter bessere Konditionen bekommen würden. Eine Bekannte war nach einem Wasserschaden ganz überrascht, dass sie eine Selbstbeteiligung von 2.000 Euro berappen musste, derer sie sich gar nicht bewusst war.

Generell sollten Verträge vor der Unterzeichnung genau geprüft und verstanden werden. Natürlich haben Sie auch eine zweiwöchige Widerrufsfrist, doch erfahrungsgemäß wird ein unterzeichneter Vertrag vorab schon in Gedanken in der Ablage mit der Aufschrift „erledigt" abgeheftet.

Nehmen Sie sich zehn Tag Zeit, um der Sache auf den Zahn zu fühlen. Geht es bei der Abwicklung um große Summen wie etwa bei einem Bauträgervertrag, konsultieren Sie einen Anwalt und lassen das Dokument vor dem Notartermin von einem Fachmann prüfen. Er wird Sie durch die Komplexität dieses Dokuments führen und mit eventuellen Unklarheiten aufräumen.

Heutzutage wird fast alles versichert, sogar das Steckenbleiben in einem Aufzug, das für zwölf Euro im Jahr mit 75 Euro pro Steckenbleiben entschädigt wird. Eine kurze Liste unnötiger Versicherungen, die von der Branche angeboten werden, sehen Sie hier:

Handyversicherung:

Meist greift diese Versicherung nur im Falle eines Bruchs des Displays, diese Kosten können Sie auch selbst stemmen, denn die Aufwendungen hierfür betragen in etwa den Beitrag der Versicherung für zwei Jahre. Diebstahl und Bedienungsfehler sind meist ausgeschlossen. Es fallen somit keine Summen an die Sie in den Bankrott führen, deshalb einfach mehr Achtsamkeit mit dem Umgang des teuren Telefons.

Unfallversicherung:

Sie greift nur bei einem bleibenden gesundheitlichen Schaden nach einem Unfall, die Prämien für den Invaliditätsfall sind nach Grad und betroffenen Körperteilen gestaffelt, ob Sie durch die Summe die Sie für Ihre Gliedmaßen bekommen wirklich entschädigt werden, sei dahingestellt, denn bei Schäden während der Arbeitszeit greift die gesetzliche Unfallversicherung ihres Arbeitgebers. Eine bessere Entscheidung wäre hier die Berufsunfähigkeitsversicherung.

Glasbruchversicherung:

Wirklich nur dann sinnvoll, wenn Sie in einem Spiegelkabinett wohnen, denn Schäden an Fenstern, Cerankochfeldern und Co. sind meist durch die Haftpflicht und die Hausratversicherung gedeckt. Prüfen Sie deshalb genau Ihre Vertragsunterlagen und bauen diesen speziellen Parameter nach Bedarf mit ein oder aus.

Informieren Sie sich vor dem Gespräch mit einem Versicherungsberater immer selbst. Denn er ist Fachmann und Verkäufer zugleich und wird Ihnen gute Argumente präsentieren warum Sie dieses oder jenes versichern sollten und wozu Sie ein weiteres zusätzliches Produkt dazu abschließen sollten. Unabhängig von Versicherungen noch einmal ein gut gemeinter Hinweis: Stehen Sie kurz vor einer Vertragsunterzeichnung, unterschreiben Sie nicht gleich vor Ort. Wichtige Entscheidungen müssen nicht sofort getroffen werden. Nehmen Sie die Unterlagen mit nach Hause, schlafen Sie eine Nacht drüber und vergleichen am nächsten Tag nochmal alle relevanten Daten und lesen vor allem auch das Kleingedruckte. So ersparen Sie sich im Nachgang Widerrufe, oder zu teure Verträge.

Ein schwieriges Thema, das eigentlich rational betrachtet ganz leicht ist und vor allem schon in jungen Jahren eine Art Versicherung für die Durchsetzung Ihres freien Willens darstellt, ist eine Patientenverfügung und auch eine Vorsorgevollmacht. Sind Sie plötzlich, auf Grund medizinischer Gegebenheiten unfähig Entscheidungen zu treffen, werden Therapien nicht zwischen einem Arzt und einem Vertreter debattiert und beschlossen, sondern genau nach Ihrem Willen ausgeführt. Die Caritas Deutschland ist hier unter anderem eine gute Anlaufstelle, die Ihnen auch bei den Formalitäten kompetent zur Seite steht.

Zwei pikante „Verträge“, die man gerne vor sich herschiebt, sind der Ehevertrag und das Testament. Nur gut wer vorbereitet ist. Da es den Rahmen dieses Buches sprengen würde, sollen diese beiden Punkte lediglich erwähnt sein, damit Sie Ihnen nicht entfallen. Aus dem Auge aus dem Sinn bringt hier nichts. Wer rechtzeitig vorsorgt, wird weder von dem Ex-Partner noch vom Sensenmann überrascht.

Und jetzt sind Sie dran...

*„Wer ins kalte Wasser springt, taucht ins Meer der Möglichkeiten."*

Finnisches Sprichwort

# 12 Monatsfragen, die Sie inspirieren werden und so Ihren Geldbeutel auf Vordermann bringt

Als Goodie haben wir für Sie zu guter Letzt noch 12 Fragen angehängt. Eine Frage für jeden Monat. Sie können die jeweiligen Monatsfragen aufschreiben und dann wann immer Sie Zeit finden die Gedanken darüber schweifen lassen. Nehmen Sie sich Zeit, denken Sie jede Frage auch mal um die Ecke, stellen Sie jede Frage nach Ihren Wünschen um, denken Sie darüber nach. Auch darüber, wie Ihr Partner, Verwandte, Freunde oder Kollegen diese Fragen beantworten würden. Vergessen Sie auch nicht die allseits bekannten "W"-Fragen mit jeweiliger zusätzlicher Verneinung zu stellen (z.B. warum ... nicht?). Sie werden erstaunt über die Vielzahl an Lösungen und auch neuen Fragen, die Ihnen so aufploppen werden. Denn Sie wissen ja, wenn man nicht fragt, ist die Antwort immer Nein!

***Januar:***

Welche Grundregeln haben Sie zum Thema Geld und welche 10 Wörter fallen Ihnen als erstes bei dem Thema Wohlstand ein?

***Februar:***

Muss Geld für Sie selbstständig „arbeiten“ und wie viel Übersicht haben Sie, nach Schulnotenschlüssel 1-6 über Ihre Finanzen?

***März:***

Hat Geld erst einen bestimmten Reiz, wenn es in Luxus getauscht wurde. Und was ist Luxus eigentlich genau für Sie?

***April:***

Warum „verdienen“ Sie mehr Geld, haben es aber noch nicht?

***Mai:***

Was können Sie von wohlhabenden und erfolgreichen Menschen lernen? Welche Methoden und Entscheidungen könnten Sie sich abschauen?

***Juni:***

In welcher Form, kann Ihnen Geld helfen, glücklicher, erfüllter und innerlich zufriedener zu werden?

***Juli:***

Würden Sie weiterarbeiten, wenn Geld keine Rolle mehr spielen würde? Und wenn ja, welcher Tätigkeit würden Sie dann nachgehen?

***August:***

Ist Erfolg, Anerkennung und Respekt ohne eine finanzielle Entlohnung für Sie weniger Wert und wie stellt sich das für Sie dar?

***September:***

Wohin genau fließt Ihr Geld Monat für Monat und welche Möglichkeiten des Investierens möchten Sie anstreben oder ausbauen. Welche finanziellen Ziele haben Sie für die nächsten 2, 5, 10 Jahre?

***Oktober:***

Welche 10 Einstellungen zum Thema Geld und Konsum würden Sie gerne haben, erweitern oder sich auch abgewöhnen?

***November:***

Wie können Sie in sich investieren und welche Handlungen anstoßen, um leichter und schneller höhere Einnahmen zu generieren?

***Dezember:***

Fühlen Sie sich allzeit bereit für finanziellen Reichtum und Wohlstand? Wie bemessen Sie diesen und wie würden Ihre konkreten Pläne aussehen?

# Schlusswort

Das war's, das Buch ist zu Ende, das Spiel ist vorbei, der Lack ist ab!

Aber nein, stop, nicht wie Sie denken. Denn jetzt geht's erst richtig los. JETZT müssen Sie in die Umsetzung kommen. Anfangen. Starten. Loslegen! Aus Alt mach Neu!

Alles, was Sie hier neu gelernt, entdeckt und für interessant befunden haben, können Sie nun vertiefen, ausbauen und polieren.

Deshalb bitte gleich den Gang wechseln und loslegen. Sie wissen nun, warum Geld gut ist und diese Aussage bei Ihnen auch kein Stirnrunzeln mehr verursacht. Außerdem haben Sie gelernt, warum Sie als Person der wichtigste Part sind, wenn es um das Thema Finanzen geht, warum Sparsamkeit eher bedeutet, bewusst mit den eigenen Ressourcen umzugehen, als sich alles vom Mund abzusparen, und warum Minimalismus maximale Lebensqualität liefert.

Ebenso wissen Sie nun, warum Sie sich das Sparbuch sparen können und sich lieber ein wertiges und diversifiziertes Portfolio anlegen sollten. Gleichzeitig heißt das aber nicht, dass Sie am Börsenparkett jonglieren, sich zur Selbstkasteiung zwingen und nur noch an Geld, Geld, Geld denken müssen.

Denn das übergeordnete Ziel war es, Sie unabhängig und frei von finanziellem Druck oder gar finanziellen Sorgen zu machen. Das gelingt aber nun mal, wie alles im Leben, nicht durch jammern oder sich beschweren, sondern einzig durch Ärmel hochkrempeln, Poliertuch in die Hand nehmen und loslegen.

Wir haben Sie nun durch die komplette Palette des Wohlstandsaufbaus geführt und sind uns sicher, dass Sie das bestens hinbekommen. Hinbekommen durch stetiges Hineinfuchsen, Analysieren und Verwirklichen.

Lassen Sie sich nicht von Herausforderungen, kleinen Rückschlägen oder Besserwissern abhalten ein kleines oder gerne auch großes Vermögen aufzubauen, denn Sie alleine entscheiden was mit Ihren Finanzen passiert, nicht wir, nicht dieses Buch, nicht Ihr Nachbarn oder Kollegen und schon gar nicht Ihr Bankberater.

Gehen Sie keine unüberlegten und euphorischen Risiken ein und machen auch keine Schnellschüsse. Schnell über Nacht reich werden, wird nicht funktionieren und bedenken Sie, dass das Risiko des auf die Nase Fallens manchmal so groß ist, dass man eigentlich schon vorher in der Notaufnahme vorsprechen kann.

Tasten Sie sich langsam an den „Lack" heran und probieren Sie immer, mit verträglichem und sicherem Abstand, ob Sie an bestimmten Stellen noch mehr Glanz in die Sache bringen können. Sie werden es schon richtig machen, da sind wir uns ganz sicher.

Und denken Sie immer daran, das Thema Wohlstandsaufbau ist ein Übergreifendes und auch recht umfassend. Wir meinen sogar Lebensbereich übergreifend. Deshalb sehen wir auch unsere anderen Bücher, aus der All-you-can-LIFE Reihe immer als Verbindung zu diesem Lebenskreis.

Da dieses Buch thematisch sehr komplex ist und möglicherweise das ein oder andere Fragezeichen in Ihrem Kopf aufwirft, bitten wir Sie, sich völlig frei zu fühlen uns per E-Mail (info@allyoucanlife.com) zu kontaktieren. Wir werden dann so schnell wie möglich auf Ihre Anfrage antworten.

Wenn Sie bei den Themen Minimalismus & Frugalismus in die Tiefe gehen möchten, können Sie gerne auf der Internetseite www.die-schatzmeisterin.com vorbeischauen.

Wenn Sie jetzt, Ihre Notizen peu à peu durchgehen, werden Sie feststellen, welch guten Überblick sie bereits heute haben und an welchen Stellen eventuell noch Nachholbedarf besteht. Machen Sie an diesen Punkten eine Rast und gehen in die Tiefe. So werden Sie zu einem regelrechten Perlentaucher und entdecken vielleicht bald schon einen neuen Schatz, den Sie bergen können.

Legen Sie nun das Buch zur Seite und starten Sie in ihre finanzielle Unabhängigkeit. Die Reise hat bereits begonnen. Freuen Sie sich auf schillernde Investments, glänzende Zeiten und auf ein neues gewinnbringendes Leben, denn das, ist ab heute „Money-poliert“.

Alles Gute und sparadiesische Grüße

Rena & Patrick Münch
Sommer 2022

# Impressum/Rechtliches

Rena Münch, Patrick Münch, allyoucanlife.com

Jahnstraße 3, 90763 Fürth

Das Werk inklusive aller Inhalte wurde unter größter Sorgfalt erarbeitet. Die Herausgeber und die Autoren übernehmen jedoch keine Gewähr für die Aktualität, Korrektheit, Vollständigkeit und Qualität der bereitgestellten Informationen. Druckfehler und Falschinformationen können nicht vollständig ausgeschlossen werden. Die Herausgeber und auch die Autoren übernehmen keine Haftung für die Aktualität, Richtigkeit und Vollständigkeit der Inhalte des Buches, ebenso nicht für Druckfehler. Es kann keine juristische Verantwortung, sowie Haftung in irgendeiner Form für fehlerhafte Angaben und daraus entstandene Folgen von den Herausgebern bzw. Autoren übernommen werden.

Alle Inhalte in diesem Buch, sind weder als Anlageberatung noch als finanzielle Richtlinie zu sehen. Alles, was Sie zu dem Thema Börse, Geld, Investment, Finanzen etc. lesen, ist keine Finanzberatung. Alle Inhalte in diesem Buch dienen ausschließlich der neutralen Information, Weiterbildung und Unterhaltung und geben ausschließlich unsere Meinung wieder. Wir berichten lediglich über unsere Erfahrungen und hoffen, dass Sie im Nachgang etwas mehr Zeit in Ihre finanzielle Bildung setzen werden. Treffen Sie Ihre Investment- oder sonstigen Entscheidungen die das Thema Finanzen betreffen sorgfältig und auch erst nach eingehender Recherche. Beziehen Sie dazu immer mehrere Quellen mit ein, denn wie auch die Steuergesetzgebung, so können sich auch anderer Gesetze oder finanzielle Richtlinien kurzfristig ändern. Es wird keinerlei Haftung für Nachteile, die direkt oder indirekt aus der Verteilung, der Verwendung oder Veränderung /Zusammenfassung dieses Buches entstehen übernommen. Als Leser ist man aufgefordert, selbst zu entscheiden, ob man dem Rat des Buches folgt oder nicht. Eine Haftung für Personen-, Sach- oder Vermögensschäden ist ausgeschlossen. Ebenso sind Haftungsansprüche ausgeschlossen gegen die Autoren, welche sich auf Schäden materieller oder ideeller Art beziehen, die durch die Nutzung oder Nichtnutzung der erwähnten Informationen oder fehlerhafter sowie unvollständiger Informationen darbieten.

Die Benutzung dieses Buches und die Umsetzung der darin enthaltenen Informationen erfolgt ausdrücklich auf eigenes Risiko. Die Herausgeber und Autoren können für etwaige Unfälle und Schäden jeder Art, die sich durch die Verwendung dieses Buches ergeben, aus keinem Rechtsgrund eine Haftung übernehmen.

Bildnachweis, Cover: Canva.com, Pixabay.com

Printed in Poland
by Amazon Fulfillment
Poland Sp. z o.o., Wrocław

42080015R00069